打造人才供应链

许锋 ◎ 著

图书在版编目（CIP）数据

破局：打造人才供应链 / 许锋著. — 修订本. — 北京：北京联合出版公司, 2020.5
ISBN 978-7-5596-4019-2

Ⅰ.①破… Ⅱ.①许… Ⅲ.①企业管理—人力资源管理 Ⅳ.① F272.92

中国版本图书馆 CIP 数据核字 (2020) 第 033788 号

破局：打造人才供应链（修订版）

作　　者：许　锋
选题策划：北京时代光华图书有限公司
责任编辑：徐　鹏
特约编辑：袁艺丹
封面设计：零创意文化

北京联合出版公司出版
（北京市西城区德外大街83号楼9层　　100088）
北京时代光华图书有限公司发行
北京雁林吉兆印刷有限公司印刷　　新华书店经销
字数200千字　　880毫米×1230毫米　　1/32　　10.5印张
2020年5月第1版　　2020年5月第1次印刷
ISBN　978-7-5596-4019-2
定价：88.00元

版权所有，侵权必究
未经许可，不得以任何方式复制或抄袭本书部分或全部内容
本书若有质量问题，请与本社图书销售中心联系调换。电话：010-82894445

每个人心中都有一条路

在有些人看来

财富和荣耀就是目的地,但对他来说,不是

他相信

只有走得更远

才能让自己保持不断前进的步伐和在路上的心态

才能让更多的人看见曙光,看见希望

……

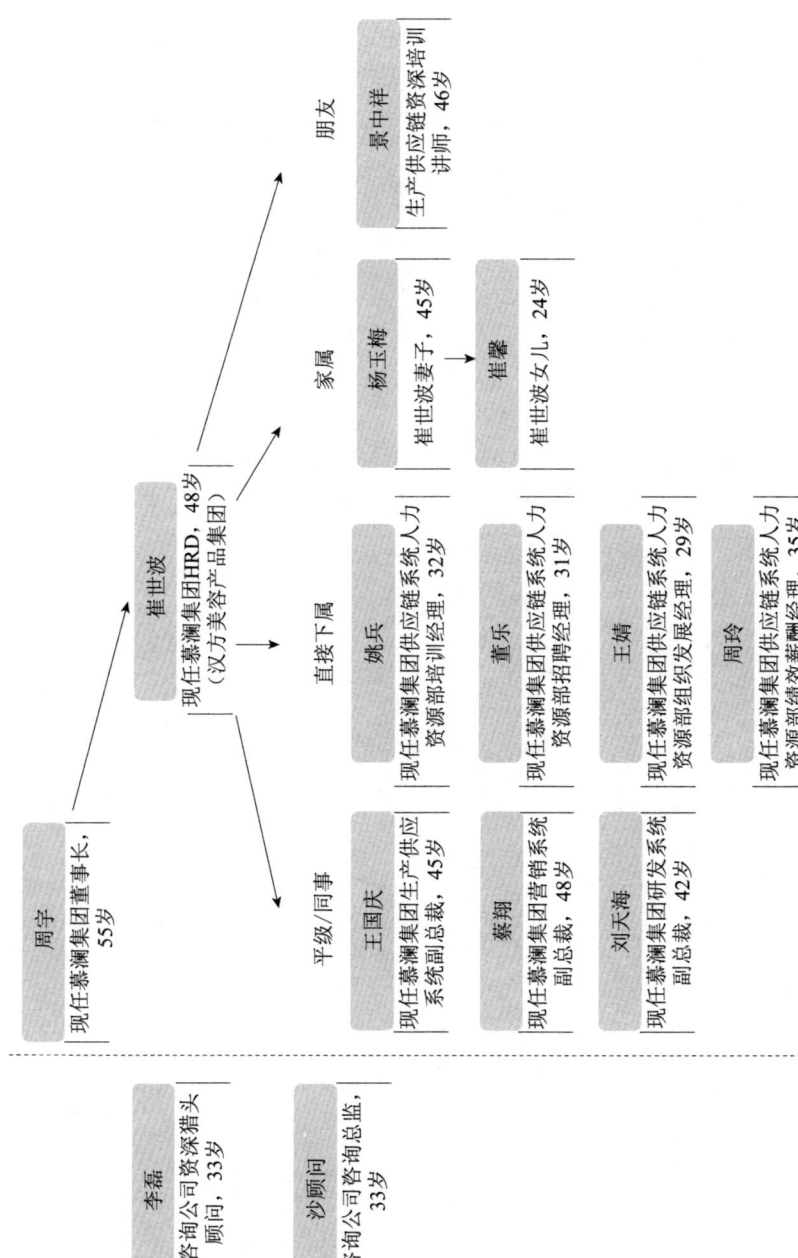

目 录

再版序 / Ⅲ
作者序 / Ⅸ

引 子　才出旧局，又入新局

01　失效的 HR 系统

第一节　如何让你的老板支持你 / 015
第二节　人员效率低下怎么办 / 034
第三节　关键岗位在哪里 / 053

02　化解空降高管融入危机

第一节　走在猎头前面的明白人 / 069
第二节　关键不在于完美，而在于合适 / 080
第三节　空降兵最难的事：融入 / 095

03 最重要的事只有一件

第一节　被孤立的员工 / 113
第二节　聪明人的笨功夫：外包大脑 / 119
第三节　不能再把没有经过训练的员工推向战场 / 128
第四节　高手的护城河：人才梯队建设 / 142

04 员工最重视的事：晋升和加薪

第一节　离职热潮来袭 / 163
第二节　成人达己：为员工设计发展通道 / 174
第三节　开放而专注：建立晋升管理机制 / 202
第四节　招贤榜：盘活内部人才库 / 209

05 让复杂的事尽量简单化：人才管理精细化

第一节　创新：团队组合最优化 / 219
第二节　激励：谁，什么，怎么做 / 237
第三节　危机：退休员工增多 / 242

06 破局思维：向人才供应链要绩效

第一节　内在修炼：从有到精 / 271
第二节　整合：人才供应链框架显雏形 / 280
第三节　实践：人才供应链管理出成效 / 294

后记　下一个跃迁之路 / 310
参考文献 / 314

再版序

向人才供应链要绩效

"人才供应链"这个理念是我在 2011 年正式提出来的,当时在百度上搜索"人才供应链",可以搜索到的相关文献只有 3 篇,而今天再搜索这个词,则至少能搜到 900 万个搜索结果。可以说,经过这些年的传播、引导和教育,许多企业都非常认同"人才供应链"这个理念,很多公司都把打造人才供应链放在了和其他企业战略同样的高度来看待!

在这个过程中,倍智和我本人都为推广人才供应链、帮助企业打造人才供应链做了大量的实践。当然,2012年出版的《破局:打造人才供应链》,在这个过程中起到了非常关键的作用。

人才供应链的有效性越来越在实践中得到证实,比如鞋服行业领军企业安踏,成为全国第一家市值超千亿的运动时尚品牌。2018年财报显示,安踏的全年营收同比增长超过了40%,门店数量超过10000家。在这些数据的背后,是安踏人才供应链体系的强力支撑!五年前,我和我的团队开始服务于安踏,启动了一系列的人才项目、人才工程,比如"安徒生"计划、"金牌店长"计划、"将储班"训练营等都有力地支持了安踏的零售转型和业绩提升。安踏的管培生、见习店长、金牌店长、区域经理、分公司后备等人才梯队建设,完美地践行了人才供应链的理论,与此同时,也成就了业内领先的人均店销。

再比如旭辉地产,在倍智2012年开始和旭辉合作的时候,旭辉地产还只是个年收入100亿左右规模的区域公司。围绕千亿规模的发展目标和战略诉求,倍智和旭辉就内外部人才供应链的打造进行了深度的合作和认真的实践。在这个过程中,旭辉地产的人力资源团队,花了五年多的时间,打造了一支令全行业都刮目相看的地产"铁军"。到2018年,旭辉地产年收入达到1500亿,实现了千亿目标并向着更高的目标迈进。旭辉的人才供应链建设从建立明确的人才标准、可落地的岗位任职资格体系开始,对现有干部队伍进行有针对性的盘点、培养和补给,从而打造可持续的人才供应链体系,助力旭辉实现千亿之路。

人才供应链的打造是个长期持续的过程，不可能一蹴而就。但如果聚焦关键人群，或者说关键少数，就可能事半功倍。每个企业，因为所处的行业不同、阶段不同，需要聚焦的关键人才就会不一样。

比如在某互联网行业的龙头企业中，总监级员工就是它需要关注的核心人才。打造一支什么样的总监队伍能够保持核心优势，是这个企业人才供应链建设的核心内容。倍智从2013年起和这家国内互联网行业领军企业合作，合作的核心是后备总监的选拔和培养。首先，我们对现有的总监进行测评，通过数据分析，描绘出了理想总监的画像，包括能力画像、性格画像、管理风格画像等；然后，基于这个画像，对后备总监进行测评，并根据测评结果进行多对一的反馈；最后，与企业大学及后备总监的上级领导一起讨论员工的针对性培养发展计划。从2013年到2018年的连续六年，总监画像的明确以及针对性的培养落地计划的实施，使得该企业后备总监的成才率大幅度提高，从以前的不到50%提高到超过85%，极大地促进了企业人才供应链的持续打造。

又比如招商银行，大家都知道招商银行是股份制商业银行尤其是零售银行的标杆企业。倍智服务招商银行是从大家都很熟悉的对公客户经理人才画像开始的。客户经理这个人群在银行的比重很大，但优秀的客户经理、高绩效的客户经理占比却很少——按照招商银行内部的说法，这个比重不超过5%。而一个高绩效的客户经理创造的价值是普通客户经理的3倍以上。如果企业在一开始就有明确的高绩效客户经理画像，那么在招聘和培养过程中，就能够少走很多弯路，少浪费很多资源，从而极大地提高人均效能。提炼一个高绩效客户经理的画像需要大量的一手数据作为素材，这就需要倍智顾问对现有高绩效客户经理的成功案例、能力素质、日常行为进行访谈、测评和挖掘。我们相信，高绩效客户经理的人才画像会为银行的人才供应链打造树立榜样，这种人才画像未来会进一步推广到分支行长。

以上提到的企业大都处于充分竞争行业中，他们重视人才供应链体系的建设是基于市场的需求和企业可持续发展的需求的。在过去几年中，我们欣喜地看到越来越多的大型国有企业的变化，他们也非常认同人才供应链的理念并积极实践。

比如首钢集团，在特大型国有企业里面最早成立了人才开发院。倍智有幸成为首钢人才开发院的战略合作伙伴，在过去三年中，倍智围绕首钢集团青年干部的选拔和培养做了大量的工作。

又比如中海油。过去四年，倍智盘点了中海油气电集团及其下属的五十几家单位的干部队伍，为集团领导做出科学的人事决策提供了保障和依据。

除了企业，处于公共事业领域的广州地铁、深圳地铁、无锡地铁、西安地铁、徐州地铁等都引进了人才供应链的理念，就干部队伍的建设、后备骨干人才的打造与倍智开展了深入的合作。另外，我们也看到，事业单位、科研院所也逐步开放对人才供应链管理的思想吸收融合，结合自身实际，开展了大量的人才项目，比如成都的中国电科二十九所、三十所，西安的一飞院等。

2018年，受中国保险业行业协会（简称"中保协"）的邀请，倍智为中保协的会员单位开展了中国保险业人才供应链成熟度调研以及中国保险业优秀营销人员画像的课题研究。在此过程中，近六十家中国的保险公司参与了调查研究，收集了大量的一手数据，最后汇总成的研究成果也已经公开出版发行。

在所有的保险公司中，倍智和平安集团的合作最为长久，最为深入。平安集团是我非常尊重的公司，2018年平安集团在世界500强的排名中已经进入前三十。我和我的团队与平安集团的合作也是从人才数据、人才画像开始，合作的对象包括了平安集团及其旗下的平安产险、平安人寿、平安普惠、陆金所、平安大学等，合作的内容从单一的测评产品、人才测评题本的定制、高管的盘点、干部管理系统的开发到AI人工智能招聘面试等。和专业的团队一起合作，可以相互促进、相互提高，所以在和平安集团的合作过程中，我和我的团队也受益良多。在这里，我对以CHO蔡方方为领导的人力资源团队表示崇高的敬意和衷心的感谢。

当然，我要感谢的人还有很多。从2017年开始，为了进一步推广人才供应链理念，倍智先后在北京和广州召开了首届和第二届国际人才供应链管理高峰论坛，每次论坛的规模都超过了1000人，每次论坛都获得了非常好的反馈。

在此特别感谢出席两次论坛的嘉宾，他们是沃顿商学院教授、人才供应链理念缔造者Peter Cappelli（彼得·卡佩利）博士；万科集团人力资源体系奠基人解冻先生；龙湖地产前CHO、执行董事房晟陶先生；药明康德 COO、华为集团前人力资源部副总裁童国栋先生；世茂福晟副总裁吴继红女士；TCL 集团副总裁、TCL 大学执行校长许芳女士；迅雷集团高级副总裁张帆女士；中国咨询行业的拓荒者、前华信惠悦大中华区总裁 Frank T. Gallo（高润至）博士；中国人民大学劳动人事学院院长杨伟国教授；长江学者施俊琦教授等。因为他们的到来，中外学者、企业家、人力资源从业者济济一堂，共享人才供应链思想的盛宴。

回首过去，经过这几年的耕耘，人才供应链理念可以说已经遍地开花，得到了社会和企业的广泛认同。从 2016 年开始，我在喜马拉雅开通了我的语音频道《许锋聊人才供应链》，每周一期，每期 15 分钟左右。如今，收听量已经超过 1000 万人次。

应该说，大家对人才供应链理念的认同核心是基于它同业务的高度相关和结果导向的，是能够直接创造价值的。向人才供应链要绩效已经成为人力资源从业者的广泛共识。正如我前文所述，人才供应链的建设不可能一蹴而就，需要更多人力资源从业者的共同探索，需要公司内部上上下下的广泛共识，需要企业家、董事会的亲力亲为和资源的持续投入，从而创造组织可持续的高绩效均衡！

在此《破局：打造人才供应链》再版之际，让我们携手共勉，为中国企业打造人才供应链，创造可持续的高绩效均衡而共同努力奋斗！

Talebase 倍智创始人许锋博士

作者序

从 2004 年为企业提供人力资源咨询服务开始,我一直想把自己为中国企业提供咨询的经历和经验总结一下,因为各种原因,一直没有完成。

2011 年 3 月,我离开怡安翰威特,带队创立了倍智人才后,同《世界经理人》杂志社联合开展了"中国人才供应链管理现状调研"。这次调研总共有 665 家企业参加,基本上覆盖了中国本土的领先企业和优秀的外资企业,可以说是当时规模最大的中国企业人才管理现状研究。

这次调研持续了六个月,收集了大量资料。基于这些研究,我和我的团队完成了学术论文《人才供应链管理模式》,第一次完整地定义了人才供应链管理模式,并系统地阐述了支持人才供应链的四个支柱。

然而《人才供应链管理模式》是一篇学术论文,对于大部分企业家和人力资源从业者而言,阅读起来是比较晦涩的,因此写一本更通俗的、更贴近现实生活、更具备实践和指导意义,并充分体现人才供应链管理思想(JIT)的书的想法变得更加强烈。

本书从开始筹划到成稿花了大约八个月时间,以我和我的团队为原型,以过去八年为解决中国企业人才管理体系建设过程中各种问题的实践经验为内容,以万科、宝洁、美的、华润、华为、龙湖、GE等一大批中国和世界领先企业的人才管理实践为依托,以实用性和可操作性为原则,系统地阐述了人才供应链管理在搭建和实施过程中的关键点。

为便于阅读,本书以一个长期为外企服务的HRD(人力资源总监)"空降"到一家民营企业为背景,以时间为序,以"空降兵"到企业后逐步开展的人力资源体系变革为主线,一步步展示他搭建人才供应链体系的过程。这个过程其实也展现了我和我的团队为企业提供咨询和解决方案的过程,也是解决人才供应链建设过程中各种问题的过程。

本书在写作过程中,大量使用了实际的案例和解决方案,对建设人才供应链各个环节要用到的各种理念、工具和方法都进行了翔实的描述。我和我的团队的初衷是让读者在读完这本书之后就知道如何去用,如何用好。

"路曼曼其修远兮，吾将上下而求索"。JIT人才供应链管理模式的搭建和完善不是一蹴而就的，这是一个庞大而复杂的系统工程。其建设的过程，需要高层包括董事会、总裁、总监们的承诺，需要在财力、物力、人力上的投入，需要持续不断地挑战和推翻现有的人才管理模式。

人才供应链体系建设的收益也是巨大的，我们看到了生产系统的供应链对于成本降低、产能提高、库存减少、周转加速所带来的巨大成效，我们也相信人才供应链体系的建设对于业务战略的落地支持、组织能力的建设、核心人才的梯队建设、关键岗位的及时满足以及人才效能的提高等方面都会有巨大的产出。

正如倍智人才的使命所描述的那样：我们将致力于中国企业的人才供应链体系建设以帮助其实现可持续发展。JIT人才供应链体系建设的目的就是满足未来企业的可持续发展需要。

非常感谢我的客户。在过去的八年里，我在服务这些客户的过程中，与他们交流了很多人才管理实践在企业落地的问题并学习了很多解决这些问题的经验。可以说，没有他们的帮助和参与，我和我的团队无法完成这样一个浩大的工程。在此需要特别感谢的是：

- 我的第一个地产行业客户——万科集团
- 我的第一个综合人力资源解决方案客户——美的集团
- 倍智的第一个国有企业客户——华润集团
- 倍智的第一个民营企业客户——特步集团

- 倍智的第一个外资企业客户——宝洁公司

非常感谢我的团队,这是一个非常敬业和专业的团队。在本书成稿的过程中,倍智人才咨询总监沙添女士协助我主导了前期的规划工作;首席顾问鲁丹女士、顾问刘玲女士、吴利女士、王健宏女士和危坦先生参与了本书原始素材的收集和部分章节的撰写工作。

此外,感谢我的太太张蜀梅女士对我工作的大力支持。创建倍智人才后,我在家的时间是非常有限的,对两个女儿的教育和生活的关怀以及对家庭的照顾都非常不足,在此对我的家人表示歉意并深表感谢。

谨以此书献给我的家人以及所有致力于人才供应链管理体系建设的朋友们!

引子　才出旧局，又入新局

背景介绍

BJ集团,知名外资企业,产品以洗发水、沐浴露、洗手液、肥皂等日用快消品为主。集团涵盖研发、生产、物流和销售价值链各模块,进入中国市场近三十年,中国区总部和主要的三大制造工厂均分布在华南。

一个周五的晚上,墙上的电子时钟停在了21:05,BJ集团总部大楼里漆黑一片,一间办公室里的灯光显得格外耀眼……

一个四十出头的中年男子仍在伏案工作,夜色微凉,他却浑然不觉,仿佛早就已经习惯了。办公桌前的名牌上写着:人力资源副总监崔世波。

桌旁左手边已签字批复过的文件已经摞成厚厚一叠,右手边没有过目的文件还剩下四五份。电脑旁边,助理小白下班前留的便笺在提醒着他明天需要参加的会议、约见的客户及其他的活动安排。他默默地翻阅着手头的会议材料,偶尔皱一下眉头,在材料上留下一些记号和笔记。电脑屏幕上"BJ集团管理制度试行方案"几个字特别显眼。

最近一个月,BJ集团开始推行管理制度改革,他每天都忙得不可开交。从集团到部门的各模块工作计划讨论和会议,一直持续到晚上八点钟,他整个人像上紧了发条一样一直绷着,不能松懈。

翻完最后一页,他轻轻地在文件堆上放下会议材料,拿起放在旁边的水杯抿了一口。茶水早已冰凉,格外刺喉。他轻咳一声,疲倦的他重重地往椅背上一靠,合上眼,不一会儿就睡着了。

报时的钟声一下子惊醒了沉睡的人,崔世波看了看窗外,转过头来看钟,十点了,然后拿起剩下的文件继续看。终于做完了今天所有的工作,已经十点半了,他似乎想起了什么,轻叹了口气,收拾好公文包,穿上椅背上的大衣,踏上回家的路……

遭遇职业发展瓶颈

崔世波拖着工作了一整天疲惫的身心,回到家已经临近午夜。已经躺下的玉梅埋怨道:"回来啦,怎么又弄得这么晚?"

崔世波轻轻地应了一声,没敢搭腔,快速脱下衣裤,准备好好洗个澡,赶快睡觉。

"唉,对了,老崔,今天我听老张说最近集团新的人事任命下来了,高总从DB集团挖来了个高管当你上级领导了,是不是啊?"玉梅见崔世波没说话继续问道。

崔世波又应了一声,没说什么,继续忙活自己的。

"你说,你这副总监都干了快四年了,兢兢业业的,成绩出了不少,可升职却没你的份儿,你倒是说说……"

崔世波扁了一下嘴,皱了一下眉,还是没吱声儿。其实,半年多以前,集团人力资源总监的位置就空出来了,人力资源部的整体工作都是由他一手包办的,各项工作开展得有声有色,取得了不少成绩。公司里的人都以为,这次提拔的人力资源总监一职,肯定非他莫属。但除了他的助理外,几乎没人知道,在这些成绩的背后,崔世波究竟做了多少努力,克服了多少"困难"。

想起自前天收到集团下发的人事任命通知后,公司里就蔓延着关于他和新任人力资源总监的各种小道消息,崔世波脸色越发不好了。

玉梅还在一旁继续质问:"这个新来的人力资源总监你认识吗?比你强在哪儿啊?"

崔世波不耐烦地嘀咕了两句,拿着换洗的衣裤快速闪出房去,不再理会老婆的喋喋不休。

玉梅提高声音道:"行行行,不说了,不说了。看你那个怕事的样儿,这么晚了,你吃饭了没呀?要不我给你热热,冰箱里留了……"话还没说完,就听崔世波说:"不用了,吃过了!"接着哗哗的水声响起。

回首来时,几次转变,踏实走出"成长路"

洗完澡,玉梅已经睡着了,崔世波躺在床上,辗转反侧,难以入睡。

仔细算来,今年已经是他进入 BJ 集团的第二十个年头了。入职的这二十年中,虽不算是一帆风顺,却也凭着自身的踏实努力、敬业钻研,赢得了一个又一个发展机会,敢于抓住机遇,一次次坚定理想,沿着不同阶段的职业发展之路向前走,终于走出了今天属于自己的"发展之路"(见图1)。

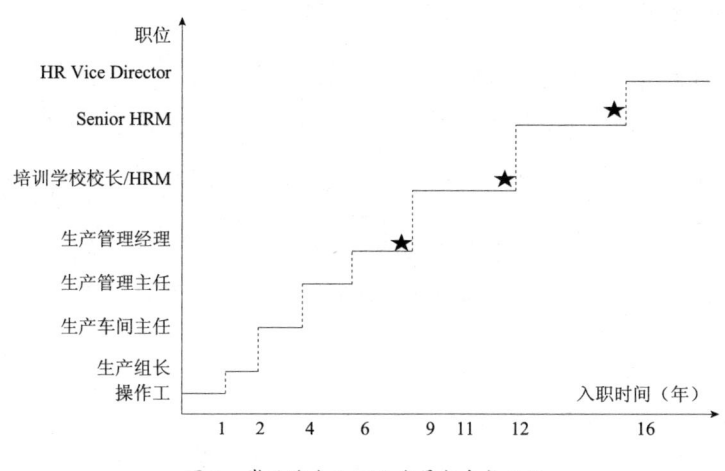

图 1　崔世波个人职业发展与成长经历

◇ **专业技术·踏实走**

22岁,崔世波从西北某著名工科高校本科毕业,进入BJ华南区某工厂,从基层操作工做起。

入职第一年,晋升生产组长,管理一个生产小组;入职第二年,晋升生产车间主任,管理一条生产线;入职第四年,晋升生产管理经理,管理三条生产线;入职第六年,成为生产管理厂长,熟知BJ产品生产技术。

一次培训机会,崔世波参与了集团"学习榜样,改善管理,提升效率"的丰田参观学习之旅。这次培训,不仅让崔世波认真系统地学习了JIT精益生产管理,而且让他更加真切地看到了这种模式给生产带来的切实效益。回来后的半年时间里，崔世波先是提出了改进优化方案，在长洲厂区试行 JIT 精益管理模式，通过创造看板与七个"零"目标管理，加强了全厂生产全过程的精益管理，提升了长洲厂区的整体效率，连续三年为长洲创造了 120% 的生产效益。这次经历，为他之后的顺利晋升铺平了道路。

> **知识小分享：JIT 精益管理模式**
>
> JIT 的基本思想：
>
> 只在需要的时候，按需要的量，生产所需的产品，故又被称为准时制生产、适时生产方式、看板生产方式。
>
> JIT 的核心：
>
> 零库存和快速应对市场变化，精益生产，不断消除所有不增加产品价值的工作，所以，精益是一种减少浪费的经营哲学。
>
> （资料来源于 MBA 智库文档）

◇ 培养学校·为转型

入职第九年，担任技术培训学校校长。在这段时间，崔世波与集团 HR 有了更多的合作机会，充分沟通交流和学习，不仅坚定了其要转向 HR 领域的信念和决心，也为其跳出单一技术序列领域转向 HR，为全公司层面员工服务奠定了基础。

◇ 人力资源·新篇章

入职第十一年,集团 HR 岗位空缺,公司进行内部招聘。通过管理序列考核和人力资源相关部门面试,平调到了集团 HRM(人力资源管理),进入人力资源领域,从 HR 新人做起,基本掌握了人力资源六大模块,而且熟知 BJ 产品运营机制,深谙 BJ 文化精髓。

入职第十二年,凭借着出色的管理素质和一贯坚持的努力,两年时间里,不仅带出了一支优秀的 HR 管理团队,使得整个集团的人力资源工作推行顺利,而且在几个重要项目的实施过程中,都有出色的成果产出,获得上级领导的首肯。很快,晋升为集团高级人力资源经理。一年后,他选择就读在职 MBA,进一步拓展人脉资源,全面增强经营管理素质。

入职第十六年,随着老上级晋升至 BJ 集团人力资源总监,崔世波也随之晋升,成为新任 HR 副总,开启了 HR 生涯的另一个新高度。在这个位置上,一待就是三年多……

老上司"追梦"执意离职

半年前,在分管行政和人力资源副总裁秦世新的办公室里,人力资源总监李庆向秦世新递了辞职信(秦世新是两年前进入公司的空降高管)。

"秦总,这两年来,和你合作很愉快,多谢你对我的支持!对辞职这件事,我已经考虑了很久,这一次,我想追随自己内心的感觉和声音,去开始一段充满挑战的新生活!"

"内心的感觉和声音指的是?"秦世新一下子没听明白,疑惑地问。

"哈哈,就像乔布斯说的,不要让他人的观点发出的噪声淹没自己内心的声音,要有遵从自己内心和直觉的勇气。放弃这里的一切,曾经对我来说是难以想象的,但是前不久,我在斯坦福念法律的女儿放弃了美国一家著名律师事务所的offer,毅然回国,追寻自己的理想,成为国内环保法工作者。她选择了一家环保机构,为宣传环境保护理念及推广相关法律不断努力着。我和她妈妈非常理解和支持她,她的坚持反过来也影响着我,让我开始思考,我内心的声音和感觉是什么?我想要的是什么?"

"原来如此,一直就知道你是个'不太安分'的人,哈哈。"秦世新打趣地说道。

"呵呵,这个可能大家早就知道了。"李庆微微一笑,接着说,"这么多年在BJ,的确积累了很多,也收获了很多,但是我一直希望在某个适当的时候能去开创属于自己的事业,去为更多人提供机会,创造梦想!我觉得,现在时机到了。"

"嗯,听起来这件事挺让人振奋的,那我在这里先预祝你马到成功。你离开的时候,我让助理给你弄个欢送会,热闹热闹。"秦世新会意地点了点头,接过李庆的辞职信。

李庆话题一转,说出了自己的顾虑:"那,我走之后,公司有没有考虑好接替的人选呢?这个职位在未来三年公司发展过程中起着非常重要的作用。这个人选可是至关重要！"

"看来你还是很关心公司的啊，嘿嘿，老李，本来你就是我最好的搭档，我要不放手，你会埋怨我不顾你的感受，我这真放手了，一时还真不知道找谁来接你的班，你有什么人选啊？"秦世新微微一怔，好像没想过这个问题，干笑着回应道。

"合适的人选倒是有一个，我的副总——崔世波。他是我一手带出来的，在副总位置三年多了，专业过硬，管理素质突出，有前瞻性战略眼光，做事情不拘泥于已有的，敢于接受创新和改变，而且，营销、研发的总监和他关系都非常好，现在的下属 HR 团队，也都非常信任他，他们相互配合得也很好，在团队内部，他的声望也很高。我认为他可以接替我的工作。这个帮手如何啊？呵呵。"李庆带着自豪的神色推荐着他"得意"的下属，说到激动之处，还特意提高了声音。

"嗯，崔世波是很不错，我会和老总商量商量。"秦世新并不如李庆那般兴奋地说，微微一笑，语气严肃了几分，转而岔开了话题。

崔世波晋升受阻

李庆离开后，集团人力资源总监的位置一直空着，正常事务都由崔世波负责，但秦世新却迟迟不提晋升的事情。崔世波心里也七上八下的，老上司李庆临走那天在欢送会上多喝了两杯，眉飞色舞地在他耳边偷偷嘀咕了几句，说自己已经向秦世新推荐他来接替部门整体工作。现在倒好,辛苦工作是接替了,可职衔却没了下文。

辛苦了半年,凭着自己的本事,部门的工作蒸蒸日上,崔世波本想着没有功劳也有苦劳,怎么也能得到集团几个老总的赏识,扶正的日子不远了,可突然"空降"了一个外来上司,这口气憋在他胸中成了心结。妻子的抱怨、同事的议论、下属的不平、秦世新的嘴脸,在他脑海中循环播放。

一睁眼,天边已泛白。

机缘巧合新机遇,华丽转身再出发

难得空闲的周末,慕澜日化集团供应链系统财务总监郑宏一大早就来了电话,吵醒了想好好睡个懒觉的崔世波。郑宏不但是崔世波的MBA同学,更是他的老大哥,为人大方热心。每次崔世波有什么工作和生活上的困惑,他总是会帮忙出谋划策,排忧解难。

"老郑啊,最近烦心事一大堆,好不容易有个周末,你还一大早把我叫出来,真不让人透口气。"崔世波一见面就发了一顿牢骚。

"哈哈,没办法啊。这回不见,要到2012再见了!"郑宏风趣地开着玩笑。

崔世波把这几个月来的烦心事儿一股脑吐了个干净,郑宏一边听一边不时点点头。等崔世波讲完,他才开了腔:"这事儿很明显,到底是谁故意难为你,你心里应该有数。你在BJ也待了快二十年了吧,为它付出了青春,可是到头来还是得不到重视,这样待着还有什么意思?"还没等崔世波回应,他突然间好像想起什么,接着说道,"我怎么把你给忘了!上个月底,我们集团的人力资源总监提前退休,和儿子一起移民澳大利亚了。这段时间,公司内部发出邮件,有合适的人选可以推荐,那些条件,你一定合适!"

"为什么觉得我合适?"崔世波看他一本正经的样子反问道。

"哈哈,你算问到点儿上了,从我们公司的要求来看,你完全满足所需的各种硬件条件。再说说我们公司的情况,首先,我们周董在用人、识人和在业务发展方面是很有才能的,他会根据机会和才能提供相应的平台让你发挥,这样的领导你说合适不?其次,我们公司整体文化氛围是比较开放共享、有激情的,待在那儿,总会让你有持续拼搏的动力;再者,我们集团是民营企业,会有更多自主权,在激励回报方面,也不会比你现在的公司差。"

"额,我想想啊。"崔世波回应了一句,低头陷入深思,"最近我也觉得很郁闷,但是突然要我离开,心里还是有点舍不得,再考虑考虑吧。"崔世波说出了自己的顾虑。

郑宏看出他的担忧,换了一个话题谈起了慕澜的产品,"近两年,越来越多的外国人知道中医汉方,大家越来越倾向于选择含有汉方中草药成分的美容产品。从公司实施战略转型开始,近两年的增长势头非常明显。从上个年度财务报表看,业绩增长速度比去年同期增长了25%,利润增长了30%,业绩增长和利润增长都在超预期地发展着。"

"嗯,是啊,这两年这种趋势已经非常明显,我们公司最新研发的产品中,含有中草药成分的产品销量也一直在上升。现在看来,中草汉方,大势所趋呀!"崔世波应着。

"这样,你也别急着作决定,我回去安排安排,你和周董还有几个分管VP(副总裁)都见见,你也再了解了解。到时候,咱看情况再定,你看成吗?"郑宏真心地邀请道。

"行行行,你都这么说了,我能说不行吗?其实,我也想着,可能真该换换地方了!"两人相视而笑,说完,端起茶杯,品了一下刚刚泡好的大红袍。

01 失效的
HR 系统

春节刚过，递交完辞职信，崔世波将手头所有工作进行了交接，告别了相处多年的老部下，正式加入慕澜，开始了他的"新"生活。

第一节　如何让你的老板支持你

3月1日，崔世波开始了在慕澜的第一天工作。兴奋中又带点担忧的他，起个大早，出去跑了几圈，才平静下来。

九点刚过，崔世波就到了位于广州市天河区中心一座高层商务写字楼的慕澜集团总部。大楼里还很冷清，他并没有急着直奔办公地——人力资源部，而是停在了部门楼层介绍牌前，认真浏览着各部门的位置，心里默默记下。约莫过了几分钟，崔世波才走进电梯，直接摁了顶楼33楼。出了电梯，在转角办公室门口的沙发上坐了下来，斜对面的门牌写着"慕澜集团总裁办公室"。

崔世波虽然出身外资企业，但早已对民营企业中的"老板文化"有所了解。在民营企业，老板的认识和思想主导着全公司上下工作方向和工作重点的制定。虽然和这位开放、求新、看重人才的未来上司前期有过一些沟通，也知道这位总裁是军人出身，从事制造业多年，这家公司在业界也算知名，但崔世波还是一早就请总裁秘书约了时间。在开始工作前，他想和总裁再进行一次深入的交流。

这么多年的实战经验和成长经历让崔世波早就形成了一套深入了解企业的"诀窍"——从方向、能力和动力三个方面了解和掌握企业实际情况是最为全面和有效的方式。

为了能较为准确地获得方向、能力、动力的情况，初步把脉慕澜，让自己的规划和工作真正符合慕澜的需要，也为了能够迎合和满足老板的期望，崔世波不仅要和总裁进行深入沟通，而且要尽量同三个分管副总裁进行深入沟通。因为在崔世波眼中，他们应该是最熟悉慕澜情况，最能把握慕澜战略业务发展方向的人。

工具小博士1：方向、能力和动力认知模型（见图1-1）

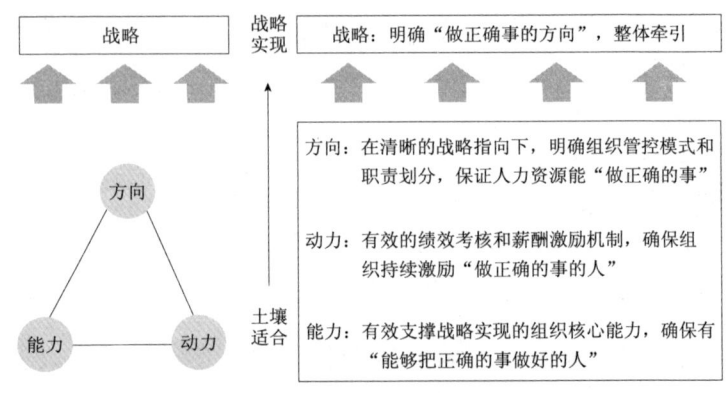

图1-1　方向、能力和动力认知模型

认识一个企业组织，从系统思考的角度看，最佳的认知模式和分析模型是由战略业务牵引，从方向、能力、动力三个角度进行认知、搜集和分析的。

方向： 以组织管控模式、职责划分和授权体系为核心，主要通过清晰的战略方向指引，对组织管控模式、职责划分和授权体系的理清，确保人力资源在"做正确的事"。

能力： 以组织核心能力的塑造为核心，围绕战略，了解是否针对各层级人才的特点及需求，设计不同的培养及发展机制，以提升整体的团队效能，确保组织有足够数量的"能够把正确的事做好的人"，真正能将组织能力落到实处，有效支撑战略执行。

动力： 以绩效考核和薪酬激励机制为核心，了解组织是否能识别核心岗位和关键人才，针对岗位价值及贡献，设计相匹配的绩效及薪酬等机制，有针对性倾斜资源，确保人力资源持续激励"做正确事情的人"。

取得总裁的支持

"叮咚"，电梯响了，不一会儿脚步声越来越近，还伴随着交谈声。崔世波站起身来，转角那边走过来两个人——周董和秘书。见到崔世波，周董马上微笑着快步走了过来。

"没想到你这么早就来了，哈哈，我们好好聊聊，我还要向你好好学习一下外企的管理经验呢。"周董没等崔世波开腔,先爽朗地大笑道,转身向秘书交代了一下工作,把崔世波请进了办公室。

"周董您好,很高兴您能抽出时间和我再详谈一次,向我学习真不敢当,应该是我向您学习才是。"崔世波坐下回应道。

"我一直盼着你这样的人才来帮帮我,终于把你等来了。世波,你也别和我客气了,别周董周董的见外了,叫我老周就行了。"周董看出崔世波似乎还有些拘束。

"呵呵。"崔世波被周董的热情感染了,会意一笑,转而说道,"我今天想就公司的业务战略和发展情况好好和您聊一聊。"

周董笑了笑,说:"行啊,没问题,尽管问,今天你就是个记者,我就是个被采访的对象。那咱什么时候开始,现在吗?"

崔世波边拿出早就准备好的笔记本边说:"好啊,那我们现在开始吧,大约一个小时。"周董点了点头。

笔记本上,简单写着几个崔世波想要了解的问题。

"您能先简单介绍一下慕澜现在的发展情况吗?"崔世波问道。

"我们慕澜成立是在 1995 年。目前,市场主要以华南区为中心,辐射全国六大销售区域,全国零售门店超过 200 家。近几年,销售额以 30% 左右的速度稳定增长,今年预计销售额在 35 个亿左右,净利润增速近 32%。我们是国内首家以汉方中草药添加为特色,包含洗面奶、精华液、面霜等一体化护肤产品研发、生产供应及营销一体化运营的企业,在国内日化护肤品行业排前三名。我们提倡的护肤理念是——美必须发自根源,由内而外,以内养外,内外平衡,那才是完整的美、平衡的美。这十多年的发展历程中,我们一直都在践行着汉方中医提倡的'自然、平衡、内外兼修'理念,帮助越来越多的消费者持续追求自然之美、平衡之美是我们企业和每个员工的使命。"

崔世波追问道:"这个行业的发展趋势的确是越来越好,爱美之心人皆有之,这是每个人最正常不过的需求了,也是日化护肤品行业潜力巨大的原因。对于日化企业来说,研发在上游牵引,营销在下游推广,生产供应持续在中间提供供给和推动,全价值链成本低一些,风险也更可控一些。那我想问,我们慕澜是一开始就选择走研发、生产供应和营销一体的经营模式吗?"

"哦,不是,这中间还是经历了不少曲折和故事的。其实我们在公司成立初期,是从代工生产和销售做起的,当时的主要产品是我们自己研发的很畅销的'诗美乐'嫩肤霜以及几个国外知名品牌的代工生产。因为我们的产品价格比较低廉,利润主要还是来自国外品牌的代工。当时我们主要以生产为主,基本没有研发,只有三个研发人员,而且研发工作的难度和工作量都不是非常大,营销也只是简单的市场推广。后来,随着护肤品领域竞争越来越激烈,原材料和劳动力成本也一直在不断上升,生产成本逐年增加,利润都被日益增加的成本和其他竞争对手削薄了。"周董神情有些忧虑地回答。

"是啊,单纯依靠生产制造为主的企业是处在一片红海中的,那里竞争异常激烈,如果想要获得更多的利润和利益,必须进行转型或者找到一个转向蓝海的策略,否则,一直待在这片红海里,要么是成功杀出重围,成为行业领头羊,要么在激烈的成本利润劈杀中惨败退出。"崔世波提出了自己的看法,周董听了,连连点头,然后笑着说:"是啊,想要在激烈的红海中大逃杀其实是非常不容易的,庆幸的是,我们活下来了,而且活得越来越好……

"其实,要不是五年前的那次战略转型,我们也不会有今天这么好的成绩了。那个时候,我们高层前瞻性地判断,汉方中草药会是未来发展的大趋势,而且非常明确地提出单纯依靠我们传统的加工生产、销售是绝对不行,很难生存的,所以才大胆提出了加强研发、梳理品牌、全价值链发展,努力开拓国际化之路的一三五战略。"

慕澜集团2006年年底制定的未来五年"一三五战略"

2006年年底,慕澜集团财报显示,近两年来,主营收入增长放缓,成为自2000年以来的最低点,成本增加约10%,利润空间越来越小。经营危机日益显现,慕澜总裁与营销总监以及高薪挖角的产品研发总监一起,经过充分的讨论后,大胆提出,加大研发力度。花3~5年时间,完成整体组织转型,逐步实现研发、生产供应、营销的全价值链覆盖。由研发牵头,在价值链上游充分挖掘利润价值。

"一三五"战略是指:

第一年,引入中医药研究专家,加强汉方产品的研发实力,尽快推出汉方中草药新品,抓住消费者特点和需求,特色营销,快速抢占市场。

第三年,成立专门的品牌管理部,加大品牌研究和宣传推广力度,逐步树立在消费者心中的品牌及口碑。

第五年,增加品牌设计师,明确多产品线、多品牌的差异化运营,快速跃进国内市场前三,同时找准机遇,准备进入国际市场,迈出国际化第一步。

"那,我能不能这么理解,独特的市场定位和持续重视加强研发品牌转型是慕澜今天成功的关键要素?"

"嗯……我觉得啊,也对,但不全面。市场定位是很重要的原因,但我们在明确的过程中也不是一帆风顺的,也是经过反复尝试、反复考察才找准找对现在这个适合消费者需求的产品和市场定位(汉方中草药和内外兼修、以内养外的定位)的,它帮助慕澜在中国化妆品市场上独树一帜,而且也帮助慕澜逐步在消费者心目中建立了慕澜独有的调和、平衡、自然、健康的品牌形象。

"我们对研发的重视和投入也是很重要的原因。从2007年起,我们想要做自己的品牌,研发生产自己的产品,决定进行转型开始，就重金引进中医学院中草药研究专家和核心研发团队，跟我们一起到中草药基地进行实地考察，认定了可行性后，以专项中草药产品研发小组的形式成立，开始进行第一款含汉方中草药添加成分的洗颜产品研发。时至今日，五年时间里，随着产品多元化的战略要求确立，慕澜不断加大研发的投入，引入高级人才，购入实验研究设备。一年前，慕澜汉方中草药研究院成立，现有近一百五十人的研究团队，负责十个系列产品的研发。目前，慕澜汉方中草药研究院是第一家专门从事汉方中草药美容领域专门研究的科研机构，负责现在所有'木兰'本草类汉方美容护肤品系列产品的研发；也是我们推出新产品，快速占领市场的重要的原动力。

"还有，短短五年，我们从一个以代工生产为主的化妆品加工生产厂商发展成研、产、销一体的日用护肤产品运营商，追求的不是盲目扩张，而是有步骤的转型，以确保品质和塑造品牌为先。作为老牌日化护肤品企业，很久之前我们就意识到产品品质的重要性，我们最初关注和强调的是产品本身的品质。

"2009年初，研发出'木兰'系列的第一款产品，也是现在的明星款产品——木兰汉方百草洗颜泥，大获好评。市场上初步建立起慕澜的良好形象后，我们越来越有营销和品牌意识。因此，同年7月，决策层决定成立品牌管理部，从当时的营销系统中调一名策划能力比较强、学历比较高、素质不错的员工作为品牌经理，再调一名营销系统分析员和一名市场营销专员，隶属营销系统，直接向营销总监汇报，主要针对慕澜的目标消费人群需求，进行慕澜旗下所有品牌的研究、形象塑造和宣传推广工作。

"近几年来，随着产品线的增加和丰富，市场对多品牌、多产品的运作策略、品牌形象设计等要求也越来越高。去年开始我们与美国知名化妆品零售商 Spon 接触，洽谈合作的一年时间里，我们的管理层越来越意识到未来市场竞争将是引领时尚能力、品牌打造与运营能力的较量。如果我们企业进行国际化，慕澜必须向时尚日化转型，进一步增强品牌打造与运营的能力。原先为了迎合消费者需求而设定的品牌管理部也进行改革，2011年年底从一家国外知名外企广告 4A 公司高薪挖过来设计副总监，专职担任我们整体的品牌设计师，由其主导进行慕澜旗下所有品牌的整体视觉语言综合管理。由时尚、艺术灵感引领，慕澜开始向时尚日化转型。同时，为了保证品质，慕澜对产品线进行了三次更新换代，提升生产效率，由生产供应部门的副总裁牵头，在其系统内，进行精益化生产调整，调整主要包括四个方面：第一，针对每道工序构建严格、明确的操作标准；第二，每个上岗工人都需要完成三个阶段的认证才能上岗；第三，所有车间厂房内，形成看板，由车间主任和各生产小组组长定期更新，实时监控生产完成情况；第四，为每个层级的管理设定明确的绩效考核指标，全员引导，强调结果导向等。

"所以，这几年来，虽然业务快速发展，但是生产供给和生产效率却从来没有因此而成为快速发展的障碍，基本能够支撑业务的快速发展。不过，目前看来，产能已经开始稍微有些紧张了。由于我们已经明确了未来的海外扩张战略，所以前瞻性地考虑，为了进一步扩大产能和产品供给，慕澜刚完成了选址，明确了在东北扩建工厂的决定。东北生产基地今年5月开工，用一年多左右的建设时间，预计明年8月完工，生产设备到位，9月份投入生产。"说到关键成功因素（KSF：Key Success Factor），周董一下打开了话匣子，一边说，一边思考和整理。

"好，那我就明白了，其实近五年慕澜能迅速从行业前十进入现在的行业前三，就是有基于明确且符合消费者需求的市场定位，利用研发和品牌快速崛起的。当然，生产供应也在这个过程中发挥了不小的作用。这倒还挺符合宏碁集团创办人施振荣提出的微笑曲线（Smiling Curve）理论的。像慕澜这样的代工企业，借助品牌和研发进行组织转型，拉高微笑曲线，价值链上下整合，就可能会帮助企业谋求更低的成本和更高的收益。有家顺时针公司的发展模式就和慕澜的非常相似，就是加强了上下游的整合，加强了研发和品牌，才走出了自己的'微笑'式发展之路。

"现在，慕澜研发、生产供应和营销三位一体的运营体系，以产品力、生产力和品牌力为核心，这些有点像牵动慕澜前进的三驾马车。打个形象点儿的比喻，就好像研发和营销代表慕澜的产品力是慕澜的生命线，没有它，慕澜不可能有现在的发展势头；品牌形象代表着慕澜的品牌力，就好像是慕澜的生命力，它决定着慕澜在市场上和在客户心目中存活多久；生产供应代表着慕澜的生产力，就好比是慕澜的造血供血系统，它决定着慕澜的活力和精力。这种全价值链经营，纵向一体化的发展模式，不仅可以让公司赚足产业链上每一个环节的利润，提升公司净利润率，而且更有利于对价值链各环节进行更加及时、直接和有效的控制协调。只有让三驾马车齐头并进，相互配合，才能实现慕澜持续盈利，快速发展。"崔世波听了周董的讲述，结合慕澜的实际情况，提出了自己对纵向一体化运营模式的理解以及对慕澜发展的认识。

> **知识小分享：微笑曲线理论**

微笑曲线（Smiling Curve）（见图1-2）理论是宏碁集团创办人施振荣先生在1992年为了"再造宏碁"提出的。微笑曲线理论虽然很简单，却很务实地指出台湾产业未来努力的策略方向，在附加价值的观念指导下，企业只有不断往附加价值高的区域移动与定位才能持续发展与永续经营。

微笑嘴型的一条曲线，两端朝上，在产业链中，附加值更多体现在两端，也就是设计和销售，处于中间环节的制造附加值最低。价值最丰厚的区域集中在价值链的两端——研发和市场。没有研发能力就只能做代理或代工；没有市场能力，再好的产品，产品周期过了也只能当成废品处理。微笑曲线的提出为许多企业提供了一个新的思考和发展方向。

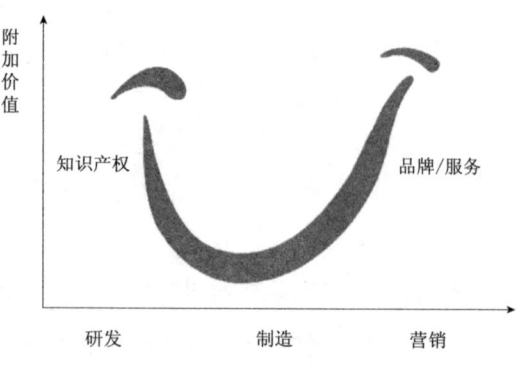

图 1-2　微笑曲线

> 案例：耐克公司的"微笑"式发展

随着全球化日益加剧，耐克品牌日益深入到世界各地，其独特的战略管理方式和生产经营模式，使耐克公司一举成为全世界最大最成功的体育用品生产商之一。耐克公司用骄人的业绩印证着其创始人比尔·鲍尔曼曾说过的一句话："只要你拥有身躯，你就是一名运动员。而只要世界上有运动员，耐克公司就会不断发展壮大。"耐克成了品牌质量的象征，在全世界都有良好的口碑。

耐克公司虽然没有工人没有厂房，但是为公司制造产品的工人和厂房遍及全球。耐克公司的高级职员只需要坐飞机来往于世界各地，把公司设计好的样品与图纸送到已经与公司签订合约的厂家，最后验收产品，贴上"耐克"的标签就可以了。利用了"微笑曲线"的两个价值制高点：上游的研发设计与下游的营销。

研发方面：1980年就建立了运动研究实验室（Sport Research Lab），1984年设立先进产品工程部门（Advance Product Engineering）。两个部门的运作，保证了耐克在运动服装领域的技术领先，确保其不断研发出新的产品。

营销方面：始终注重品牌的强化与控制，极其重视商标和专利的保护，商标是公司与竞争对手区分、公司产品与竞争对手产品区分的一个重要因素。

生产外包的目的就是让其他更具成本优势的企业来完成产品生产，在整个供应链上实行聚焦战略，专注于自己擅长的领域进行经营，耐克就是这一原则的成功实施者。耐克的生产采用全部外包的方式，前提是其拥有强大的研发能力和市场营销能力，而这两点也是消费者关注的焦点。客户往往愿意为自己的偏好付出溢价，从客户出发，与客户交流、沟通可以帮助耐克认识到客户的偏好，并进一步明确了满足客户偏好的价值链中附加价值高的环节。耐克以客户为中心设计自己外包的运营模式，从而使其获取超出传统经营模式的高额利润。

而今耐克又一次抢在很多体育品牌之前续签了炙手可热的林书豪。

事实上，耐克是轻资产重营销的典型代表，它与老对手阿迪达斯在营销层面的赞助策略和风格完全不同。与耐克侧重赞助优秀运动员个体不同，阿迪达斯比耐克的历史更长，与国际奥委会、国际足联等官方机构的渊源更深，因此，阿迪达斯也更偏于成为奥运会、世界杯等赛会的官方赞助商。所以，整体赞助风格上，耐克重个性，阿迪达斯偏传统。需要说明的是，无论耐克还是阿迪达斯，其市场营销费用之所以高达年销售额的15%左右，核心在于其"轻资产"（Asset-light strategy）模式。

（来源于《世界经理人》杂志）

"对，我也是这么想的，世波啊，你好像跟我的想法挺像，我想说的，你都能给我清楚地理出来，找你真是找对人了！回过头来看，这些年发展得太快了，各条线的发展都超过了我们的预期。去年3—5月份，市场部与品牌部一起赶着三八妇女节和母亲节两个节日，提出了针对女性营销，关注孩子的奶奶、妈妈，主打家庭亲情牌的主题活动。以'关爱身边的女性，找回遗忘的亲情'为主题，以'由内而外，平衡自然，调和美'为核心理念，充分突出'木兰百草系列'产品的优势。那段时间，'木兰百草系列'的销量一直飙升，当月库存全被卖光，近三个月的库存都被提前紧急调用。那段时间，连生产供应系统都觉得有压力。去年年底开始，我们与美国的Spon联合，借助渠道零售商的力量，将在国内最受欢迎的'木兰百草系列'引入了美国，汉方中草药的成分和由内养外、阴阳调和平衡的护理概念极具中国特色，短时间内销量超过了当地几款销量非常不错的品牌产品，引起了一股不小的中国风。这也使得我们不得不提前考虑，如何加快海外扩展的力度和速度，抓住这个势头和机遇。"这几年业务的快速发展，给周董带来了更多的机遇和机会。周董自豪地回忆起过往种种成功，偶尔也透露出一些担心。

崔世波接着问到未来几年慕澜的战略规划问题："这可是个好机会啊，中国风的理念外国人非常喜欢。针对我们汉方中草药添加成分的产品特点，海外的确是个潜力巨大的市场，有很多可挖掘。得先把盘子做大，才能把蛋糕做好。周董，我想听听，您对未来几年慕澜的业务发展规划是怎么想的？"

周董顿了一下，想了想，道："前几年的不断试错、不断尝试的发展经验，给了我不少教训，同时也给了我非常宝贵的经验。紧抓研发和品牌是重中之重，它们决定着慕澜的产品和形象，是现在要想成功转型必须要紧抓的两块！这两块要两手抓，两手都要硬！"

"想要靠产品打天下的企业，必须要加强研发，出好产品，而且要在消费者心中树立正面积极的品牌形象，才能确保慕澜持续经营、持续盈利。这一点，我跟您有共识，那我想了解，咱们慕澜现阶段的研发和品牌人员团队配置与人员能力怎么样？具体是什么情况？"崔世波很关心这两个对慕澜未来起关键作用的核心部门的情况。

"因为我们是五年前才开始投入研发、加强产品上游的,所以现有的产品所对应的生产线研发队伍基本是比较完整的,整体的研发能力还是比较符合现有产品研发需求的,但是真正核心、尖端的研发人员其实并不多。未来,我们要坚持贯彻产品多元化的策略,所以新产品的研发会成为研发的一块软肋,目前还只是有这个意向,没有开始着手组建新产品的研发线。至于品牌部门,是组建于大约两年前,这两年逐步发展起来的,但是现有的品牌管理部依旧没有找到非常合适的总监,一直由营销总监兼任,核心团队成员是一名品牌经理、一名品牌设计师、两名品牌研究专员、一名市场分析专员和两名策划专员。整体能力上,除了刚跟你提到的高薪挖角的品牌设计师外,其余人员的能力一般,品牌经理具备一定的策划能力,但是在管理能力和沟通协调能力上稍微弱一些,更多的还是依靠营销那边的前端支持。现在,更多的是与营销一起开展相关活动的策划和组织。未来这一块,必须要尽快找到一个综合统筹、横向沟通综合能力比较突出的人来加强这个部门的整体实力,把品牌这一块抓起来!"周董就现状详细地给崔世波作了介绍,也提出了自己的期望。

崔世波接着问道:"听您刚才说的,我们慕澜的战略目标已经差不多明确了,希望重点抓品牌和研发是其中的一块,慕澜目前在行业内基本排在前三名左右。针对这一块,慕澜的具体目标是怎样的?"

"没错，目前来看，我们的确是行业的前三名，根据现在的发展势头和发展情况以及大家对汉方中草药护肤品的旺盛需求，我对于慕澜未来发展到行业第一的目标非常有信心，而且最初设定的'一三五战略'走到了第五年，迈出了国际化的第一步。前两天，和营销、生产供应的两个副总裁喝茶聊天时还说，看着现在慕澜的发展情况，我们有一个共识——想要快点走出去！花一年到一年半的时间，先打开和快速占据市场，进一步扩大市场份额。像最近的这一次，进驻美国 Spon 就是一个成功的案例。其实，它的一炮而红最重要的是以品牌和中国风理念为先驱，而不是盲目针对外国人研发新产品，我们是先从最畅销、客户反馈最好、长期盘踞销量冠军的'木兰百草系列'入手，来进行入驻谈判和推广的。"

周董刚说完，崔世波追问道："但据我所知，Spon 是美国知名的化妆品零售商，它所有的导购都是通过统一培训和管理的，是不允许有厂商自己的导购进入的。它与我们国内通过广告和经过专业培训的导购推动产品销售并不一样。如果想要通过与他们这种渠道合作实现快速进驻国外，让他们的导购理解我们的产品和特点就变得尤其重要，如何有效地传达中国风，让他们理解和接受内外调和、以内养外的护理保养理念呢？这方面，可能存在点问题。"崔世波有点疑惑和担心。

"是啊，我们当时也担心这个问题来着，因为像你说的这么做难度是非常大的，需要耗费很多时间、培训成本和人力成本，但最后的解决办法是我们采用出奇制胜的方式，跳出这个框框回头再来看这个问题，解决就变得不那么困难了。我们去年年底引入了一个4A公司的设计副总，他在会议上提出，这个问题可以采用另外的方式解决。由他牵引，对国外市场Spon的销售专柜进行重新设计，结合已经统一的产品视觉体系，融入中国风元素和太极阴阳调和理念，设计出了不同于其他国外品牌的专柜。产品刚一上柜，极具特色的专柜吸引了大批年轻消费者，销量短时间内迅速上涨。所以，最核心的解决之道不在于培养好的导购，而是通过视觉设计增加吸引力，反倒优先解决了借助零售渠道商打入国外市场的难题。"对于这个高薪挖角来的品牌设计师，周董显得非常满意。

"嗯，有时候可能还真需要跳出框框看问题！在一个领域待久了，容易形成固定的思考和解决问题模式，就像我在外企待了这么多年形成的习惯和管理模式，可能还不一定会适应这里的需要。看来，这里藏龙卧虎啊，我得多花功夫和他们交流学习，打开眼界，吸收点不一样的东西才行。"崔世波表达了自己的决心，也如实说出了自己的顾虑。

周董见崔世波对自己推心置腹，笑道："世波啊，这个你就不用担心了，我既然用你，就是看中你出色的管理素质，我希望你能大胆干，放心干！你刚来，多转转，多了解了解情况，未来的五年是慕澜顺利完成组织战略转型，开始进行快速扩张、扩大规模，准备融资上市的关键五年，高端专业人才的引进与培养，整体人力资源的体系规范都需要借助你从外企累积的管理经验和人脉资源，人才这一块，我可就都交给你了啊！"

"周董您都这样说了，我顿时觉得压力很大啊！来到一个有这么好的基础的平台，而且未来发展前景也非常好的公司，我自己也非常兴奋，很感谢您对我的赏识，我现在是有十二万分的热情准备在这儿发挥，为慕澜的发展贡献点我能做的。未来的时间里，我也希望自己能够竭尽全力，善用自己的经验，用好自己的经验！您看，我也是刚来，从您这里，我了解了不少方向性的东西，对于未来的发展方向，心里多少有数了，但是具体要提出初步的工作开展规划，可能还需要花些时间好好实地调研一下，深入了解一下公司的现状，一会儿回去我会先和下属们打个招呼，沟通一下，需要搜集些数据性的资料来量化地盘点公司具体的情况。下次我再见您的时候，先会从方向、能力、动力三个方面对公司现在的情况做个简要的总结，然后根据已经识别出的公司现存具体问题，提出一个比较粗略的工作规划，主要是围绕未来三年的人力资源系统整体改善方向和人力资源工作重点。您看这样行吗？"崔世波把自己初入慕澜的工作想法向周董做了个简单的汇报。

"嗯，可以，这没什么问题，挺好。果然从外企出来的人，还是比较谨慎全面的，你尽管放手做，有什么问题需要我协助的，随时和我说。你这两天也可以抽空找找生产供应王总、营销的蔡总和研发的刘总聊聊，看看他们那儿有什么需要你协助的，也可以和他们探讨探讨业务发展和人员管理问题。"周董拍了拍崔世波的肩膀。

这时，总裁秘书敲门进来提醒道："周董，10点钟，您约了生产供应的王总和原材料供应商开会，在15楼会议室，还有10分钟。"

"这么快？我们聊了这么久啊？"周董看了一下手表。

"是啊，时间还真快，跟您聊得非常愉快，那……要不先这样，我去人力资源部那边报个道，跟大家先熟悉一下。"崔世波收起笔记本。

"那行，哈哈。往后有什么需要跟我沟通的，就找秘书小李，今天先到这儿，好吧！"周董伸出手来和崔世波用力地握了一下。

崔世波收回手，说："行，那我先走了。"说完，轻轻合上了门。

周董看着他出去的背影，点了点头。

第二节 人员效率低下怎么办

通过和总裁的深度访谈，崔世波确定了公司的方向问题，接下来就要看看组织的能力和动力体系问题了。这个还需要通过对整个组织的人力资源诊断来摸清整体情况，从而确定整个体系的未来规划。想到这里，他拨打了组织发展经理王婧的分机号："喂，王婧，我是世波，你一会儿来一下我的办公室。"

不一会儿，便传来敲门声，一个身穿黑色正装的女人走了进来。崔世波赏识地打量着自己的这位下属，虽然初次见面，但他一眼就看能出这是个聪明干练的帮手。

"小王，请坐。"崔世波指着他对面的座椅说道，"是这样的，我刚来公司，想了解一下公司现在整体的人力资源现状是什么样的。"

"好的，崔总，您需要哪方面的资料，我立即着手去整理出来。"王婧马上回应。

"我想了解一下公司平常会不会做整体的人才盘点工作，就是对于整个人力资源的盘点，例如人员的数量、结构还有质量的一些统计分析。"崔世波接着提出了自己的要求。

> **知识小分享：人才盘点**
>
> 人才盘点的做法来自日本最大的连锁店大荣公司。该公司从创办以来，每隔半年要对全体员工进行一次内部盘点，及时掌握人才的思想动向，并根据企业和个人的需求，对各层次人才进行一次岗位调整，尽可能做到人尽其才。
>
> 人才盘点，类似于供应链管理的库存盘点，是一种针对供需关系来对现状进行的清点和了解，以及时掌握现状和需求之间的匹配程度，来帮助做出相应的决策和调整。人才储备就如同安全库存，过高则造成公司负担过重，若降低库存量，又要防止供给不及时带来的困扰。

人才盘点的目的是要让公司、各部门掌握公司目前的人才分布状况，以便采取适当的对应对策。在人才盘点的过程中，一方面要知道现有的库存状况（人才数量、能力等分布状况），另一方面也要了解未来可能的需求（比如业务的发展对于人员能力提出的新要求），这样业务部门管理人员和负责人力资源的人员，才能依据现状盘点和短期预测之间的差距，有依据地去采取相应的人才管理的策略，执行人才招募、培养、储备等相关工作。

人才盘点包括对总量（含结构和数量）的盘点、人员利用率（含效率和业绩）的盘点以及人员质量（含知识技能和能力）的盘点。

（资料来源于中国企业培训网）

"我们每年年终都会做一次人才盘点工作，不过主要也是对于人员数量的一些统计，我可以把去年的报告整理出来发给您。"王婧马上会意道。

崔世波点点头说道："可以，我这里有一份我原来外企的人力资源盘点分析报告，等下我发给你参考一下，看能不能也整理一份类似的材料。另外，我还想了解一下公司现在的薪酬情况，不知道我们有没有做过什么薪酬的调研或者其他的组织氛围调研呢？"

"好的，报告整理好我会尽快给您。另外，我们去年刚好找咨询公司作过一个组织敬业度的调研，里面有关于公司整体情况的诊断,其中包含了薪酬福利等方面信息的调研,我等下立即把这份材料发给您。"王婧在笔记本上记下工作事项回应道。

"噢,作过敬业度调研?那这个敬业度调研是调研了哪些方面呢?"崔世波听到后,饶有兴趣地追问道。

"我记得好像是从公司声誉、薪酬福利、政策流程、培训发展、企业文化等维度全面诊断员工的敬业程度,您稍等,我把报告拿给您看看。"没等崔世波开口,王婧迅速地出了办公室,不一会儿回来时,手上多了一份报告文件。

> **知识小分享:组织敬业度调研的作用**
>
> 组织敬业度(EEI)对企业发展有重要作用,但目前中国企业组织敬业度日益下降,不利于企业持续快速发展。
>
> 敬业员工愿意对公司投入感情、智慧和承诺,愿意为企业发展持续付出努力,更关注产品质量、为客户提供优质服务等,从而促进企业的可持续业绩增长。
>
> 较高的组织敬业度能提高员工对组织的忠诚度、降低离职率,进而降低企业人力资源管理成本。
>
> 随着中国经济的持续走高和人民生活水平的提升,员工对薪酬福利和职业生涯发展的期待升高,但目前企业难以满足其期望,导致其产生强烈不满。
>
> 企业在经济快速发展的前提下,过分追求短期业绩,从而忽略了与员工绑定的共同长远发展。

组织敬业度（EEI）调研的作用：

第一，可以帮助诊断组织敬业度情况；

第二，针对企业具体情况寻找敬业度提升方案。

"崔总，您看，这是他们敬业度的流程，会从心理认同、行为展现和情感承诺三大层面调研，然后分析7大维度的17个驱动因素影响力分析，最后发掘机会领域和威胁领域，从而得出提升方案。"王婧将报告（见图1-3）打开递给崔世波。

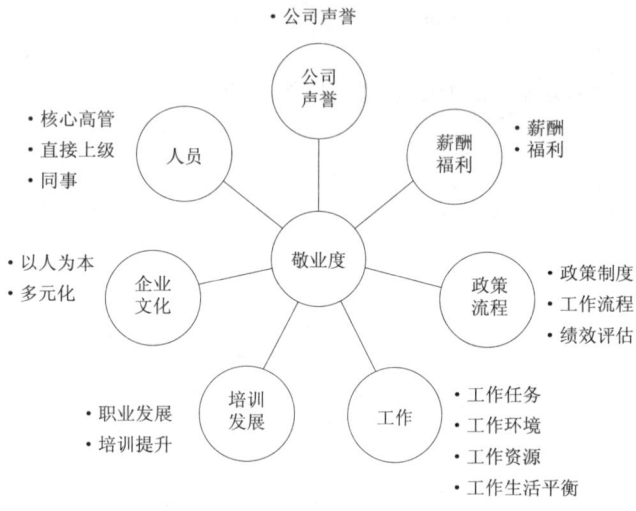

图1-3　7大维度17个影响因素全面诊断组织员工敬业度

◇ 诊断组织敬业度的价值

组织敬业指数从逻辑上勾勒了组织员工敬业度及其影响因素的相关关系。

组织员工敬业度主要受人员、企业文化、培训发展等 7 个维度的 17 个因素影响，全面、细致。

◇ **诊断组织敬业度的信度效度**

模型具有较高的信度和效度。

模型采用先穷举、后归因的方法。基于学术研究成果，在对高绩效组织管理层和高绩效员工访谈后，专家获得所有可能影响敬业度的因素。

在大样本的相关性分析和因子分析后，确定了对敬业度影响的关键驱动因素。

经过大量调研实践后，不断优化敬业度模型。

组织敬业度（EEI）层层剖析公司整体及各类人群敬业情况，并深入挖掘敬业度提升机会/威胁领域，协助公司探索敬业度提升方案（见图 1-4 至图 1-8，表 1-1）。

"机会领域和威胁领域？"崔世波接过报告，疑惑地问道，"这是什么？"

"机会领域就是指改善这个因素未来会较大提升敬业度，而威胁领域则是指那些一旦受到影响则会损害敬业度的领域。"王婧认真解释道。

表 1-1 组织敬业度流程准备——敬业度问卷填写

	问题	完全不同意	不同意	略有异议	基本同意	同意	完全同意
1	我不会轻易离开这家公司	1	2	3	4	5	6
2	我愿意向我的朋友宣传这家公司	1	2	3	4	5	6
3	公司能够激励我每天尽全力工作	1	2	3	4	5	6
4	我很少考虑"跳槽"	1	2	3	4	5	6
5	如果有机会,我将向公司以外的人员介绍在这里工作的益处	1	2	3	4	5	6
6	公司能够激励我付出额外的努力,以帮助公司取得成功	1	2	3	4	5	6
7	我能从自己的工作中得到成就感	1	2	3	4	5	6
8	我能够在公司的产品和服务中看到自己的工作成果	1	2	3	4	5	6
9	我拥有的技能和兴趣适合我的工作	1	2	3	4	5	6
10	我清楚地知道我在工作中应履行哪些职责	1	2	3	4	5	6
11	公司内部门之间的分工明确	1	2	3	4	5	6
12	我在符合工作流程前提下,可以选择如何最恰当地完成工作	1	2	3	4	5	6
13	我的工作具有一定的挑战性,能够充分运用我的知识与技能	1	2	3	4	5	6

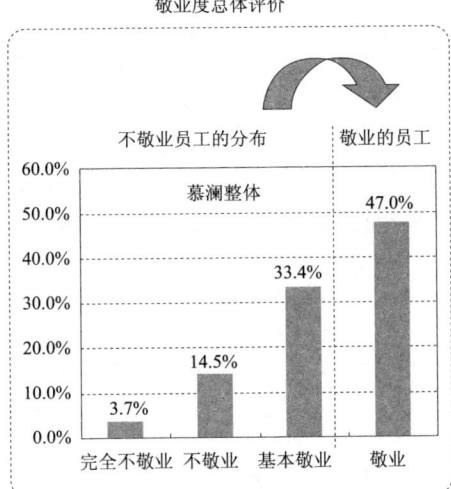

图 1-4 组织敬业度流程一

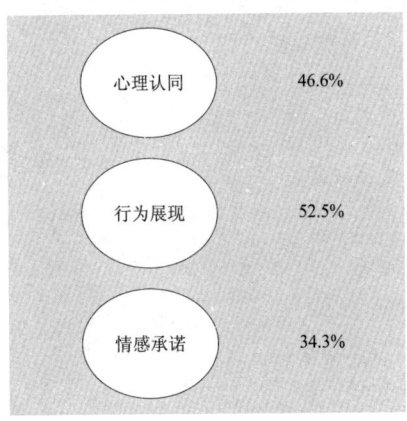

图 1-5 组织敬业度流程二

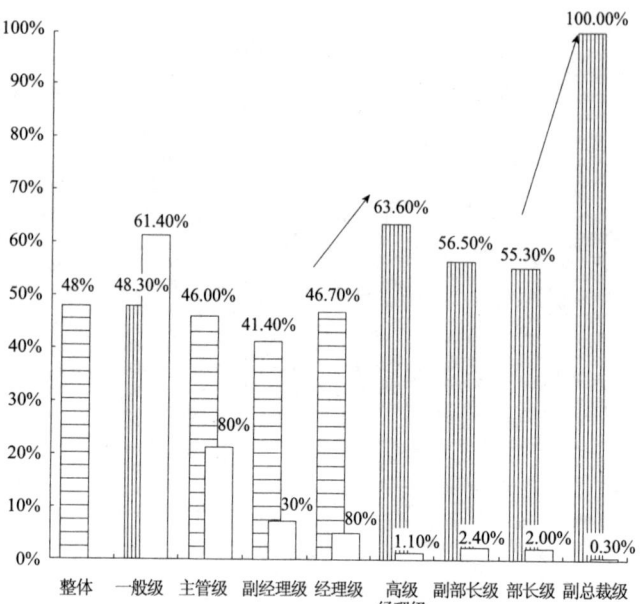

图1-6 组织敬业度流程三

17个驱动因素影响力分析，发掘敬业机会/威胁领域

敬业度驱动因素	满意度分数%		负面影响	正面影响
核心高管	42.7%		-9.8%	40.9%
直接上级	32.1%	当前机会领域	-8.1%	39.5%
同事	34.6%	当前机会领域	-17.5%	35.9%
薪酬	31.8%	当前机会领域	-16.8%	35.7%
福利	32.8%		-18.3%	34.5%
政策与制度	36.9%		-15.6%	33.6%
工作流程	36.4%		-15.3%	31.3%
绩效评估	43.6%		-17.7%	30.3%
工作任务	33.2%		-17.1%	29.8%
工作环境	41.3%		-22.8%	29.5%
工作资源	44.8%		-14.5%	29.3%
工作生活平衡	45.8%		-20.4%	29.0%
职业发展	54.5%		-23.0%	28.3%
培训提升	49.4%		-23.4%	27.7%
以人为本	54.4%	当前机会领域	-23.6%	19.6%
多元化	60.1%	当前机会领域	-18.5%	18.9%
公司声誉	62.3%	当前机会领域	-20.3%	17.0%

图 1-7 组织敬业度流程四

针对机会/威胁领域深入分析，寻找敬业度提升方案

图 1-8 组织敬业度流程五

> **知识小分享：关于敬业度的常见误区**

误区1：是不是就是找个问卷调查一下就行了？

我们的观点：敬业度是一个系统性的管理诊断和提升工具，帮助企业找到管理中的核心问题。

按人群对比诊断核心群体的敬业情况，发掘敬业状况较差的危险群体。

按事业部对比分析，发掘不同发展状况下，各事业部的人员管理重点。

按司龄分析员工敬业度得分，分析员工"蜜月曲线"，发掘员工敬业度变化规律，聚焦敬业度下降人群。

按员工绩效对比分析，发掘不同绩效类别员工的诉求差异，确保有针对性地提升不同员工的敬业度。

误区2：是不是得分低就要赶紧提升？

我们的观点：并不是得分低就一定需要花精力去提升，要找准提升敬业度的机会领域。敬业度提升要关注机会领域，得分低的因素有可能提升之后并不能带来敬业度的大提升。

"比如对于我们集团现在的情况（见图1-9）来说，薪酬福利虽然得分不高，但是并没有很大威胁，而公司政策和职业发展机会是最大的机会领域，所以报告建议我们需要更多关注这两方面。"王婧指着《慕澜集团敬业度影响因素分析》图说道。

01 | 失效的 HR 系统

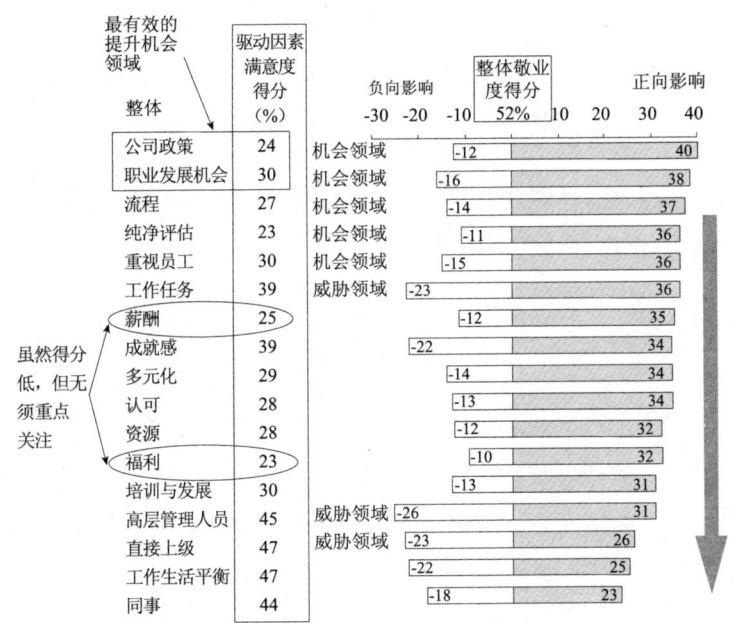

图 1-9 慕澜集团敬业度影响因素分析

"明白了,你先去忙吧,报告我再仔细看看。"崔世波的注意力已经集中在了报告上,王婧应了一声转身离开了。等崔世波把报告全部看完,发现结论的确如王婧所说,公司目前的薪酬福利不是当前最需要关注的重点问题。那么动力体系的考量也结束了,现在就关注能力体系了。从之前的访谈和这份调研报告来看,直觉告诉崔世波慕澜的问题应该是在能力体系建设方面。

三天后，王婧将一份新的人力资源盘点报告交到了崔世波面前："崔总，这是我刚整理好的人力资源的盘点报告。请您查阅，这份报告主要包含了总量的盘点和人员利用率的盘点。"

崔世波首先翻看了一下整体人员数量的盘点表（见表1-2），"好像这两年公司人员增长不是很快，目前缺口比较大的是研发新产品线，然后还有几个高管的重要岗位缺人情况比较严重。"

"是的，崔总，公司一直发展比较稳健，人员净增长不多，过去两年主要是营销体系增加了人员。今年因为要开新的产品线以及拓展海外市场，所以人员的缺口主要在这两块。还有品牌那边过去不太强，所以需要引进一个高管主抓那一块的工作，这些都是我们今年招聘方面的工作重心。"王婧解释道。

工具小博士2：数量盘点

数量盘点：同时可以分析总人数及各部门与各职群（职位族）人数增长趋势。

操作步骤：收集岗位任职者的信息，并进行分类统计，评估与目标人员数量的差距（按部门、按地区、按序列、按等级），掌握公司编制数量增长的速度及趋势，明确部门及职群的具体变化（见表1-2）。

表1-2 整体人员数量盘点表

部门	职位序列	职位等级	区域	实际数量	目标数量	数量差距
	销售代表	2	A	12	15	3
	销售代表	3	A	8	9	1
	销售代表	2	B	18	24	6
	销售代表	2	C	12	10	−2
	客户经理	4	B	7	15	8
	客户经理	4	C	3	4	1
	……			……	……	……
	汇总			101	123	23

崔世波接着翻阅了一下人员的结构盘点结果。研发人员居然是三角形结构，也就是人员主要集中在中基层，高级专业人员较少。从他过往的经验来看，这样的结构一般适用于一些低成本提供有限服务的企业。"嗯，这也难怪，过去慕澜集团主要是以代工为主，研发力量不足，利润不高，所以不太需要高端研发人员。可是如果公司要转型做中高端产品，那么这种结构肯定无法支撑战略执行。"看着报告崔世波心里嘀咕起来。"王婧，研发那边的人员情况是怎样的？我们最近有没有引进高端人才？"崔世波问道。

"我们过往研发那边招的以中基层的人为主，前几年研发总监王工来了，然后带着研发人员研发出了我们现在的明星产品木兰百草洗颜泥。"王婧扶了扶眼镜，接着说道，"这两年研发那边也没怎么招高级人才，还是以基层岗位为主，所以上面还是王工一个人在顶着。但是去年公司战略调整，说是要加强这一块，另外王工这两年身体也不好，也在催促多招些好的技术人员，但是后来张总（前人力资源总监）走了，这个事情也就搁置了。"

工具小博士3：结构盘点

通过人员结构的盘点以及与行业的对比，可以得出后续的改进意见，例如结构调整或规划等。

△三角形结构——生产型团队的代表性结构，通常出现在劳动密集型团队或沉淀不足的团队。

基层员工的人数比例最高，其次为中层员工，高层员工的人数最少。

基层员工主要负责生产的具体执行，中层员工和高层员工则大多从事生产性管理工作。

团队大力培养基层员工，通过沉淀固化，逐渐往上补充。

⊖橄榄形结构——知识型团队的代表性结构，通常适用于知识密集型团队或以相对复杂劳动为主要价值创造方式的团队。

中层员工是团队的主体，他们通常为中高级专业技术人员，能独立负责某一专业领域工作。

基层员工和高层员工的人数相对较少，其中高层员工通常为技术专家或专业带头人。

▽梯形结构——某些特殊知识型团队的代表性结构，通常为提供独立智力服务的团队所采用，如部分律师事务所、投资银行等。

高层次专业人员是团队的主体，他们通常为专业技术领域专家。

基层员工和中层员工的人数相对较少。

通过总结业务/职能战略特点，建立专业职位的目标人员结构（见图1-10）：

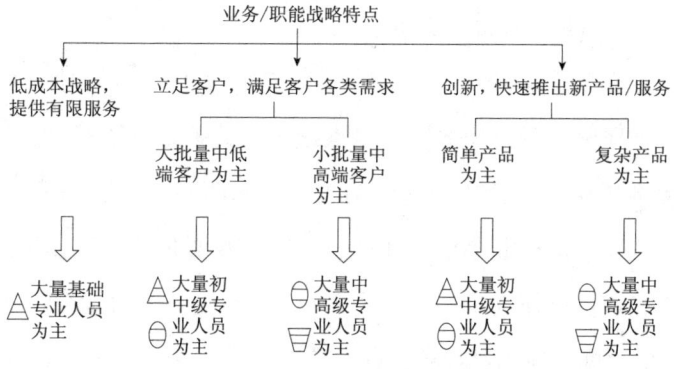

图 1-10 专业职位的目标人员结构

考虑外部人才供求情况，对目标结构进行调整（见表1-3）：

表1-3 结合外部人才供求进行高速情况表

供给情况 竞争焦点	当前比较充足		当前不大充足	
	未来不会发生重大变化	未来趋于紧张	未来趋于缓和	未来不足加剧
中低端人才的竞争	不需对目标结构做重大调整	适当加大中低端人员数量比例	不需对目标结构做重大调整	适当加大中低端人员数量比例
中高端人才的竞争	不需对目标结构做重大调整	适当加大中低端人员数量比例	适当加大中低端人员数量比例	较大程度地加大中低端人员数量比例

"哦，"崔世波点点头，接着看人员利用率的盘点部分。"你这个表里面只有业绩的盘点。"

王婧脸微微一红，很快恢复了镇定："是的，因为时间关系，我只整理出来了公司的业绩盘点结果，关于人员效率盘点部分以及质量盘点部分还没有时间去做。那两部分涉及具体人员，比较精细，操作起来会需要很长时间，我们过往没有作过这方面的统计。即便选择一个序列人员去统计，至少也需要两个月以上的时间，所以这里暂时缺失。"

"明白了，我只是问一问，想了解一下公司整体的人力资源状况。"崔世波补充道，"从这个业绩盘点结果来看，我们公司整体的人均营业收入还不足市场的50分位，是这个统计结果吧？"

"是的，我核对了，没有问题。"王婧回答说。

01 | 失效的 HR 系统

工具小博士 4：人员业绩盘点

通过分析员工的关键业绩指标，评估人员的业绩质量（见图 1-11）。

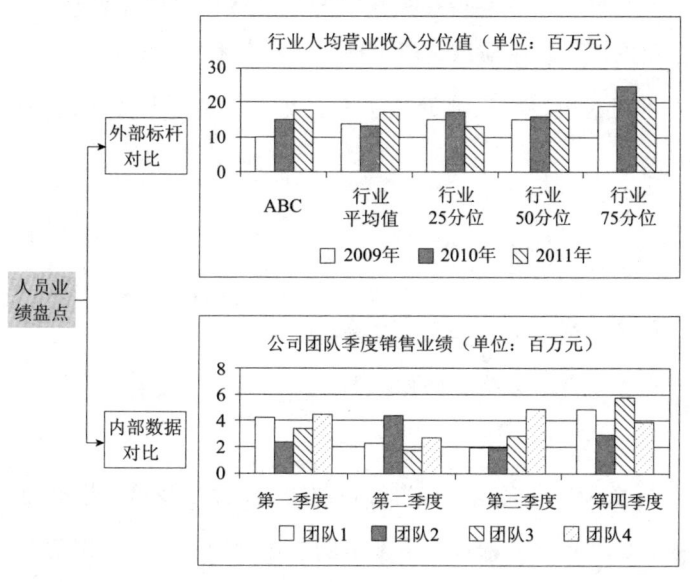

图 1-11 人员业绩盘点

"好，我知道了，没什么事情了，我再看看吧。"崔世波说道。

"那崔总我先走了，有什么事情您再叫我。"王婧转身离开了崔世波的办公室。

崔世波拿起报告又翻阅了几遍，站在窗前陷入沉思："公司目前的营业收入是市场前三名，但是人均营业收入却不到市场的 50 分位，出现这样奇怪的结果，要么就是人多，要么就是人员能力不足，效率低下。总结来说应该是人员效率低下。"崔世波望了望远处的白云山，"对，有可能。之前访谈的时候也说到公司过去发展是很平稳的，老员工比较多，大家待的时间长了，也有些惰性。现在公司处于转型期，问题是出在能力体系上面。我今年的工作重心应该是能力体系的构建和完善了。"

想到这里，崔世波回到了办公桌前，在笔记本上写下了几个问题：

我未来的工作规划是什么？
如何识别它们的优先顺序？
是否需要有策略性的倾斜？

看着这几个问题，崔世波再次陷入沉思：我可以根据前面的访谈和这些报告来梳理一下未来的工作规划，并确定接下来几项工作的优先级。关键的紧急的问题优先解决，短期问题优先解决。能力体系构建和完善也分长期和短期工作，我要看看哪些是长期的，哪些是目前比较急迫的。公司目前的资源有限，要作结构性调整之前，我得明确向哪些部门或人员倾斜。不过这些都需要我先做一件事——找出关键岗位。对，按照公司目前的情况来看，现在的核心都应该是针对核心关键岗位去做。需要去识别核心岗位然后规划补给策略。想到这里，崔世波觉得豁然开朗，感觉一下轻松了许多，他给王婧写了一封邮件。

王婧：

你好。

我需要你和我一起进行关键岗位的识别工作，这个会关系到我们部门今年工作重心的确定。附件里是识别关键岗位的一些资料，你可以先看看。明天下午1点来我办公室，我们一起做梳理工作。

崔世波
2011.3.1

第三节　关键岗位在哪里

第二天下午，王婧来到崔世波办公室。"崔总，我看了您昨天发的邮件，可是我有些想法，不是很清楚为什么要进行这项工作？现在是年初，有很多去年计划好的工作需要忙，很多流程的东西要完善和落地。我们去年年底已经做好了今年的工作规划，按照原计划执行就可以了，何必要增加额外的工作呢？"王婧问道，眼神中闪过一丝不满。

崔世波笑了笑，心想这个武汉妹子果然泼辣，他避开王婧的问题，换了个话题问道："你觉得人力资源部门的职责是什么？"

王婧被这个问题问得一怔，马上反应道："呃……我们人力资源部门不就是支持型的部门，为公司的业务发展提供职能服务吗？"

"很好,你说到了为公司的业务发展提供支持服务。那么我们公司现在处于什么阶段呢?"崔世波引导道。

"嗯,公司现在发展很好,很迅速,有了新的战略规划,属于快速发展阶段吧。"

"对,是快速发展,而且还是转型阶段,从生产制造转向研发创新并进行国际化发展对吗?"

"是的。"王婧点点头。

"公司现在快速发展,很多体系机制还在健全和完善过程中,对吗?"

"是的,所以我们现在更应该按照规划好的工作去推行,这样不是更加有效和节省时间吗?"王婧又回到了自己的观点上。

"公司拥有的资源是不是有限的?"崔世波没有直接回答,反问道。

"是的。"王婧简单地应答道,不知道崔世波的葫芦里到底卖的什么药。

"那么我们有限的资源是不是应该用在最关键的部分呢?"崔世波继续不疾不徐地问道。

"嗯,是这样的,没错。"

"那么我们公司在这个转型阶段,主要人员补给和加强的应该是组织所需的核心能力建设,用以支撑公司的业务战略的发展,这点你认同吗?"

"认同。"王婧隐隐觉得问题有了点方向。

01 失效的 HR 系统

"如果我们要加强核心能力的补给,那么是不是应该首先识别支持这些核心能力的关键岗位呢?"

"嗯,是的。"王婧顿时明白了要点,心里不免暗暗佩服,这个新来的总监果然厉害。

崔世波最后点明:"所以我们需要首先识别关键岗位(进行关键职位分析),明确现状与需求的差距,从而制订补给策略消除差距,将有限的资源最大化利用,补给企业核心能力,最终帮助企业战略落地,这就是我们部门的真正意义所在。你说是不是?"

"嗯,是的,崔总。"王婧彻底明白了崔世波的意图,连忙说,"那您说我们接下来怎么做吧。"

工具小博士 5:关键职位分析流程(见图 1-12)

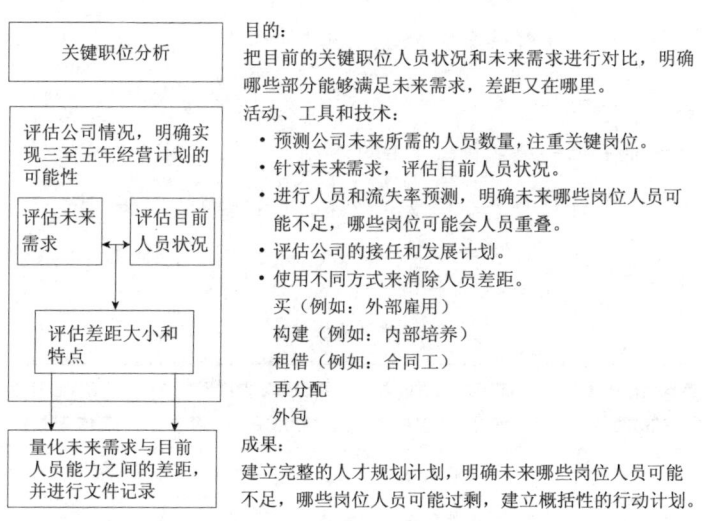

图 1-12 关键职位分析流程图

"嗯,首先我们要确定关键岗位,这其实是基于战略识别出实现预期结果所需的关键组织能力。然后确定'实施'各项关键能力的职位或职位序列(注意:这里可能涉及不止一个职位或职位序列,一项关键组织能力可能需要多个职位或职位序列予以支撑和落实)。接着针对每个职位或职位序列在推动能力发展方面的影响以及目前任职者工作的有效性进行打分。你看,这个关键岗位的分析其实还可以从战略重要性和市场稀缺性两个维度去评估和审视。"崔世波开始详细讲解。整整一个下午,崔世波在王婧的协助下终于把慕澜集团核心岗位都识别了出来。

工具小博士6:关键职位识别矩阵

方法一:

1. 概述经营单位为实现预期结果所需的关键能力。

2. 确定"实施"各项关键能力的职位或职位序列。可能不止一个职位或职位序列对某项关键能力负责。

3. 针对每个职位或职位序列在推动能力发展方面的影响以及目前任职者工作的有效性进行打分(见表1-4)。

表1-4 对目前任职者工作打分表

实现目标所需的关键能力	实施各项关键能力的职位或职位序列	职位或职位序列对能力的影响程度	目前任职者的工作有效性
举例:客户维护	营销人员	(强、中或弱)	(高、中或低)
	客服代表		

01 失效的 HR 系统

（续表）

实现目标所需的 关键能力	实施各项关键能力的 职位或职位序列	职位或职位序列对 能力的影响程度	目前任职者的 工作有效性

方法二：

1. 从价值链分析着手，识别经营单位的核心价值环节（见图1-13）。

2. 根据战略重要性和市场稀缺性分析核心价值环节岗位所处位置，战略重要性与市场稀缺性双高者为核心岗位。

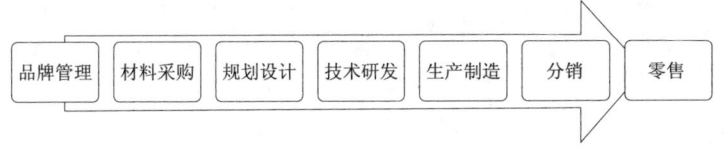

图1-13 价值链分析

晚上，崔世波独自坐在自己的办公桌前，看着下午识别出来的关键岗位序列表（见表1-5），心想：研发、品牌、营销，这些都是目前最重要的部门，人员也最缺，需要优先补给（见图1-14）。未来公司的战略执行落地必须依托这些核心能力的支撑，看来未来的工作重心应该是这几条线的核心能力打造了。

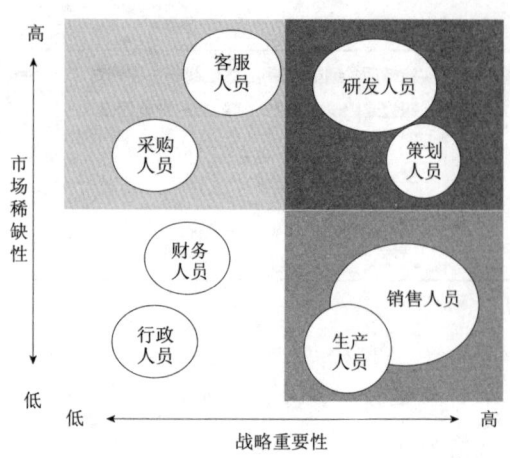

注：圆圈大小表示需求人数的多少

图 1-14　目前人才需求情况

表 1-5　关键职位序列表

关键能力	实施各项关键能力的职位序列	对能力的影响	目前任职者的有效性
产品创新力	研发序列	高	中低
多品牌管理能力	品牌序列	高	中低
渠道拓展力	营销序列	高	中

过几天崔世波制订了自己的工作规划，并找周董进行汇报。

"周董，您好，我最近对我们公司整体人力资源情况进行了一下盘点，根据结果明确了我们公司未来人力资源的工作规划。"崔世波有些兴奋地说道，毕竟这也算是进入公司后，自己工作的第一次成果汇报。

"好啊，世波啊，你有什么计划，快说来听听。"周董关注地说。

"我们公司目前处于转型期,我梳理了一下公司目前整体人力资源的情况,发现我们的方向是明确的,但是目前最紧缺的是根据战略打造组织核心能力从而支撑我们的战略落地。"崔世波说道。

"是这样的,那你打算怎么做呢?"周董一下问到了要点上。

"能力体系构建和完善也分长期和短期工作,考虑到目前的资源有限,所以在作结构性调整之前,我们必须有策略性地补给,明确向哪些部门或人员倾斜。"崔世波接着补充道。

"嗯,很不错,那这个策略是?"周董接着问道。

"目前根据我们识别的关键岗位序列主要是研发序列、品牌序列还有营销序列。您看,未来产品创新研发是我们的战略重点之一,所以研发的产品创新力是我们组织所需的核心能力。同样的多品牌和策略性区域扩张对于组织的品牌管理能力以及渠道拓展能力提出了更高的要求,而跟这些能力直接相关联的就是研发序列、品牌序列和营销序列。所以公司人力资源未来的工作重心就是对于这块核心能力的补给。短期来看,需要尽快补给的人员,例如高管是目前优先要补上的;长期来看,就是这几个职业序列的整体核心能力的构建。我预计整体需要花三年时间进行核心能力的构建,从而帮助我们三年战略的达成。"崔世波很有信心地说道。

"好,世波,不错嘛,才来没几天,就有了很全面和清晰的思路,放手干吧,我期待你的表现。"周董拍拍崔世波的肩膀说道。

本章总结

一、方向—能力—动力体系

基于组织战略之下,从方向(组织管控模式、职责划分、授权体系)、能力(组织核心能力供给体系)以及动力(激励机制)三个方面,整体把握一个企业的现状,全面认知企业。

二、组织敬业度

敬业度说明:从心理学专业出发,对员工敬业度从心理认同、行为展现、情感承诺三个递进的层面衡量(见图1-15)。

01 | 失效的 HR 系统

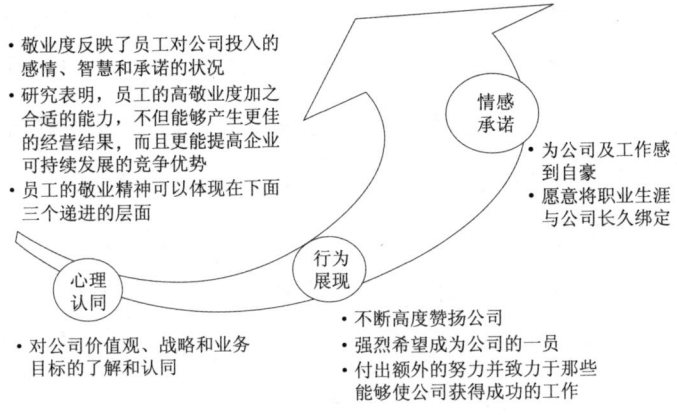

图 1-15 组织敬业度要从三个层面衡量

三、人才盘点

企业一般在年底会进行人才盘点工作,那么,我们在完成这项任务之前必须搞清楚三个问题:为什么要做人才盘点?人才盘点包括哪些内容?如何去做人才盘点?

首先,认识一下盘点:盘点是指定期或临时对库存商品(也包括原材料、固定资产等)的实际数量与质量进行清查、清点的作业,即一方面为了掌握货物的流动情况(入库、在库、出库的流动状况),对仓库现有物品的实际数量与保管账上记录的数量相核对,以便准确地掌握库存数量;另一方面还要掌握盘点对象的质量情况,能用的要用起,该报废的要报废,需修补的要修补。

其次,理清盘点的目的:一来可以控制存货,以指导日常经营业务；二来能够及时掌握损益情况，以便真实地把握经营绩效，并尽早采取防漏措施。所以人才盘点的目的也很明确：结合过去与现在的人力资源状况，分析与控制公司未来的人力资源数量，提升未来的人力资源质量。

再者，如何做盘点呢？人才的盘点包括对总量（含结构和数量）的盘点、人员利用率（含效率和业绩）的盘点以及人员质量（含知识技能和能力）的盘点（见图1-16）。

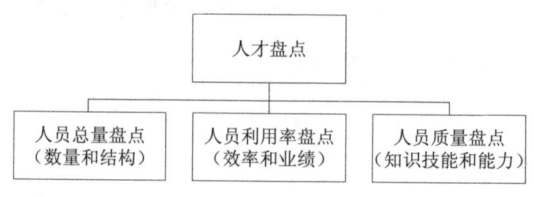

图1-16 人才盘点的具体内容

通过历年来整体人员的流失率变化趋势，可以知道我们人力资源管理各项管理政策的有效性，即人才选、育、用、留最终有没有起到效果；同时将整体流失率细分到各部门或者各职群，更容易帮我们找到具体是哪里出现了变化。

1. 人员总量盘点

人员总量盘点主要包含数量和结构的盘点。在总量盘点时还可以进行人员流失率的盘点。最后可以综合数量、结构以及流失率分析出具报告，为人员规划以及未来人才结构调整等方面提供依据。

人员流失率分析：整体流失率与各部门及各职群的流失率分析。人员的流失率是一个风险指标，如果流失过快则会严重影响到公司给客户提供的产品或服务的质量、数量、成本、交期。

2. 人员利用率盘点

人员利用率盘点主要分效率和业绩的盘点。

人员效率盘点可以采用人员效率地图去分析员工的工作时间分配评估实际人员效率（见图1-17）。

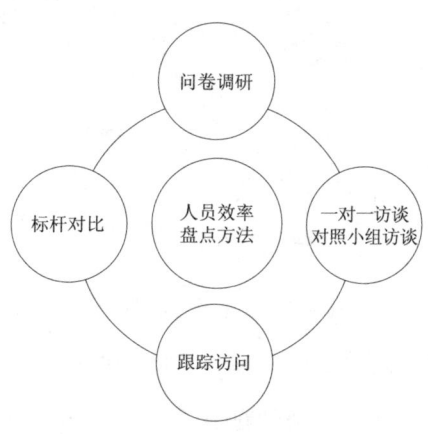

图1-17 人员效率盘点方法

人员效率地图是通过分析员工的工作时间分配，计算人员真正有效的工作投入，评估实际的人员效率。（见图1-18）

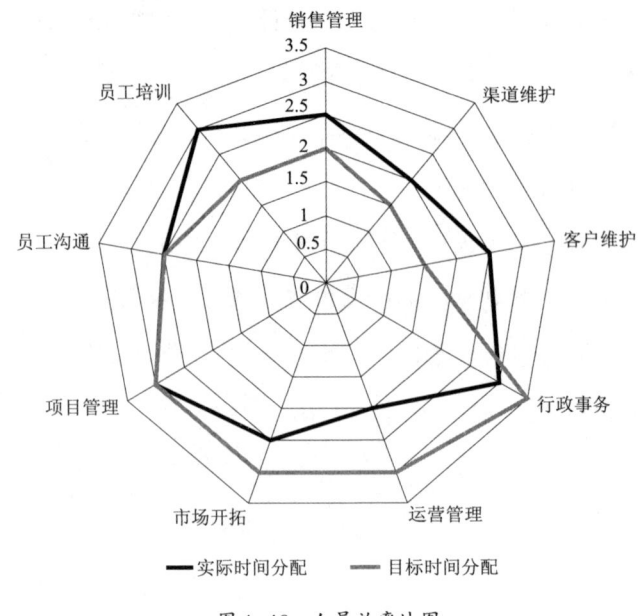

图 1-18 人员效率地图

3. 人员质量盘点（后续章节详细描述）

人员质量盘点主要分知识、技能盘点和能力盘点。这种盘点是针对员工的更加微观的盘点手段，需要企业具备一定的管理基础。

常用工具有技能矩阵、人才盘点九宫格、测评工具包。其中技能矩阵和人才盘点九宫格属于团队盘点工具。

测评工具包中含：

心理素质类的 Facet5、MBTI 等；

风格类的 LSI、GSI 等；

认知能力类的认知能力测试等；

能力素质类的 360、评价中心等。

四、关键职位分析

企业在快速发展时期，经常需要快速补给核心能力用以支撑持续快速发展，而中国的快速发展企业多半处于管理体系完善阶段，所以如何有选择性地完善机制以保证快速发展是一个现实命题。在这种情况下，识别核心关键岗位，明确现状与未来的差距从而进行策略性规划则是一个很不错的解决方案。

关键职位分析的目的：把目前的关键职位人员状况和未来需求进行对比，明确哪些部分能够满足未来需求，差距又在哪里。

关键职位分析的成果：建立完整的人才规划，明确未来哪些岗位人员可能不足，哪些岗位人员可能过剩，建立概括性的行动计划。

确定关键职位的方法：

1. 方法一

- 概述经营单位为实现预期结果所需的关键能力。
- 确定"实施"各项关键能力的职位或职位序列。可能不止一个职位或职位序列对某项关键能力负责。
- 针对每个职位或职位序列在推动能力发展方面的影响以及目前任职者工作的有效性进行打分。

2. 方法二

- 从价值链分析着手，识别经营单位核心价值环节。

- 根据战略重要性和市场稀缺性分析核心价值环节岗位所处位置,战略重要性与市场稀缺性双高者为核心岗位。

02 化解空降高管融入危机

第一节　走在猎头前面的明白人

对于短期的关键问题，崔世波已经心里有谱了。看着盘点报告的结果，他打了个电话给招聘经理董乐和培训经理姚兵，让他们下午过来一起开会，并让董乐带着以往关键岗位招聘的相关材料。

下午，他们准时来到了崔世波的办公室。崔世波让董乐带来了一块白板，摆在办公室的正中央，他拿起红笔，在白板上画了三个圈，研发、品牌和海外。董乐立刻明白了他的意思，说道："接下来我们要解决这三大关键岗位人员的招聘问题。"崔世波点点头，说道："是，但也不全是，之前我跟大家探讨过这三个部门对于公司的重要性，研发实力、品牌管理能力和海外拓展是我们承接未来五年战略的三大关键组织能力。我今天找你们两个来，是要站在长远角度来看这三个部门的问题，但是首先要理清整个问题的脉络。"

说着他拿起一支笔，在三个大圈内写下了三个问号。董乐和姚兵看着白板，凝神思考着。

崔世波问道："你们认为目前存在的问题是什么，未来的要求是什么，而我们需要做什么？"

他们互相看了一下，董乐先开口说道："我认为，研发的问题，您之前跟我们开会提到了，主要是人才结构不合理的问题，高端研发人才的短缺，这个我认为是可以通过外部招聘得到解决的，新产品的研发团队应该也可以招聘到；品牌部现在有几个同事在，但是就目前企业的发展状况看来，肯定是能力不足的，需要一个带头人，带领团队打造我们的品牌竞争力；海外营销部现在只有一个临时小组，关键是要把团队组建起来，这个应该也是招聘可以解决的。"

崔世波点了点头："对，我们首先要解决的是带头人的问题，目前研发的能力无法满足我们新产品线的研发需求，所以急需一个新线带头人；品牌部目前的经理做了也有一年了，我们木兰百草洗颜泥的品牌知名度虽然是打出来了，但是这个团队还太小，有太多事情都是周董亲力亲为的，长久来看肯定是不行的；海外市场的拓展是周董一再强调的一项重要举措，谁来挑这个大梁，我们需要慎重考虑。"

崔世波继续问道："那么从长远看来，我们人力资源部还需要做哪些工作？"

培训经理姚兵说道："目前研发团队的人才结构是三角形，与标准的椭圆形结构还有一定距离，现在的顶梁柱只有一个王工，太少了，要想研发力量持续加强，必须补上缺失的中高级研发人员，这个我认为可以通过今年的培训课程来提升；品牌部门的专业能力亟待加强，这也需要我这边来提供专业的培训，如果招聘一个总监进来，我相信对这块的帮助是极大的；目前临时小组的几个人未来是否都能用得上，需不需要再调换或补充，也是个关键，能力的提升对于他们来说也是个急迫的问题。我这边也在策划了，希望总监到位之后能先跟他沟通一下，对于岗前的培训，看看他有什么好的建议吧。"

崔世波"嗯"了一声，继续说道："现在内部也听到一些消息，有些员工是希望走出去的，这样的机会我们怎么给，如果不用内部的员工，就要招聘，这方面遵循什么原则？这个是需要慎重考虑的，我们要给出一个说法。另外研发那边的骨干有没有能提拔的，是否需要招聘，招多少，这些都是我们要考虑的问题。"

董乐听完，觉得对这几个问题的理解更深了一层，但他始终认为这三个问题最终还是要落到他的肩上，而且只会多不会少。现在让他头疼的是，怎样找到有效的解决方法，去年其实也尝试过与猎头公司合作来招品牌总监，但是以失败告终，研发的用人需求其实王工也跟他提过，不过招聘的效果也不甚理想，想到这些，他眉头皱了一下，叹了一口气。

预算超支了

崔世波重新指着白板上的三个圈说道："这三个部门团队的搭建是目前的首要任务，但是先不要盲目着手全部招聘，我们需要分析一下，共有多少个岗位的补给需求，哪些是需要外部招聘的，哪些是可以内部发展的，什么情况下需要两者结合？我希望你自己心里有数，我们要在保证人员供给的基础上考虑成本控制，去年的预算超支，你们要找找原因了。我这里有些资料，从这几个角度出发，思考一下我们的策略。"

工具小博士7：人才供给策略评估模型（见图2-1）

```
               人才供给策略评估维度
```

- 能力独特性：基于企业的特定环境所需要的能力差异化程度
- 能力培养难度：能力从内部培养所需要的周期、成本和培养有效性
- 能力拥有紧迫度：拥有该项核心岗位的能力对战略的重要性和急迫程度
- 内部能力稀缺度：当前组织内部拥有该技能和能力的人数和程度
- 外部市场准备度：外部拥有该项技能和能力的人才储备情况

评判原则	适合内部培养的核心岗位	适合外部招聘的核心岗位
	・能力独特性高	・能力独特性小
	・能力培养难度相对较小	・能力培养难度相对较大
	・能力拥有紧迫度相对较小	・能力拥有紧迫度大
	・内部能力稀缺度相对较小	・内部能力稀缺度大
	・外部市场准备度小	・外部市场准备度大

图2-1 人才供给策略评估模型图

1. 过去公司主要是通过内部雇用还是外部招聘来满足某一职位的人才需求？

2. 某一职位的外部市场人才供给状况如何？

3. 目前某一职位的人才储备状况如何？

4. 通过有体系的学习（例如：教育、课堂培训、在

职培训、自学等），某一职位的知识、技能和胜任能力迁移难度如何？

崔世波说完暂时离开了办公室，董乐和姚兵翻着这些资料，在白板上写写画画。将近一个小时过去了，崔世波回来问道："怎么样，你们的结论是什么？"

"对于咱们公司现有的状况，我们认为短期内需要猎头公司帮忙寻猎三个带头人，就是新产品研发总监、品牌管理总监、海外营销总监，接下来的工作可以以他们为主导来搭建并逐步完善团队，其中的专业能力培训，姚兵这边会有一个详细的计划。"两人分析完，董乐理出了短期的外部招聘工作重点。

崔世波接着在三个圈里面写下了三个岗位的名称：研发总监、品牌总监和海外营销总监，说道："对，任何一个问题的解决都要找到最急迫的点来首先突破，其他的就都会一步步走上轨道，也会省掉我们很大的力气。这三大岗位要立即启动猎头来招聘，另外新旧产品两个队伍的高级研发人员也需要从外部招聘，我们暂时没有这个能力去培养，就算总监快速到岗，也不可能迅速解决这个问题。董乐你可以到时跟研发总监和王工一起讨论，对他们的需求进行确认后再着手实施。其他的中层研发人员可以后续培养来补上，这部分小姚你要重点关注一下。品牌管理部现有这些人员都是可以继续用的，海外临时小组也是，只不过到时需要对人员能力再作个评估，团队人员再调整，这个可以晚点。小姚的岗前培训和专业能力培训担子不轻，好好规划一下，以前的培训有点泛了，没有抓到要点，经过之前的一轮普及式的培训，现在也确实要考虑考虑针对性的问题了。"

崔世波又在白板上画了四个框（见图2-2），以公司品牌力的打造为例，写出了自己的分析思路，说道："你们在分析问题的时候要站在高一层上看问题，改变散点式的思考和解决方式，这样才能真正明白我们人力资源的出发点在哪里，我们要做什么，我们这么做的价值，部门的影响力也是基于此才能真正树立起来的。"

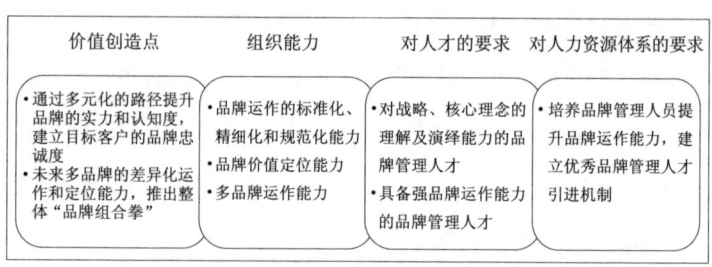

图2-2 打造品牌力分析

姚兵听了点点头，在本子上记录了下来，抬头说道："嗯，我这部分内容已经很明确了。"

"但对于我这边的招聘工作，遇到了一些疑问，从以往的数据看来，关键岗位到岗率并不高，有时候业务那边还会有反馈说人不合适。这是您让我准备的核心岗位招聘资料，我带来了，您可以看一下。"董乐将手里的一叠文件放到了崔世波手里。

崔世波接过资料坐下来，招呼他们两个坐在对面的椅子上，聊起去年的招聘情况。

为何招不到合适的人

"那些关键的绩效指标我是重点关注的，一直以来都还不错，去年开始，数字慢慢变得不好看了。"董乐指着表格上的数字，皱着眉头说。

"我们公司是发展很快的，这几年也面临着转型，业务那边的需求大、变化快，我们职能部门更是要先一步去思考的，不然不仅支持不了业务，反倒拖了后腿。"崔世波看着董乐，继续说道，"我今天叫你过来一起讨论的目的，就是希望你们能够在思考方式上有所转变，你来主动规划，而不是跟着规划走。"

董乐说道："我已经体会到了规划的重要性，现在心里总觉得是有问题的，但是不知道问题究竟出在了哪里。比如除了到岗不及时的问题外，招回来的人，业务那边抱怨流失率高，我总觉得这里是有脱节的，但是这些需求我们也确实跟业务那边有过沟通啊。"

"你首先要做的是对招聘需求进行全面分析，关注重点一定要放在关键岗位上，不要眉毛胡子一把抓。所谓关键岗位是上次规划会上对于战略的理解以及刚才我跟你们一起分析之后的结果，这些都是对于战略达成起到关键作用的岗位。招聘效果分析报告里面可以反映出很多现象,除了作系统的分析,还要主动挖掘深层次原因,要作全面的'体检',其中重要的一环就是要找到相关人员进行动态沟通反馈,不能关起门来自己做,而且这个反馈不能到了年底去做,这样就太晚了。"

"那我需要哪些人来给我反馈呢?"

崔世波说道:"想想我们职能部门的定位,你就知道哪些人的反馈意见是必需的了。"

"那主要的就是各业务线的负责人了。"

"对,你要深入业务,与业务总监多探讨,才能清楚地了解他们的需求,同时在招聘过程中需要让业务人员充分参与进来,而且你的标准要与他们的标准一致,否则你做的工作就是与业务脱节的,仅仅是找了几个人过来。要知道我们人力资源要做的一定是能真正帮到各个业务部门的事情。另外就是绝对不能守株待兔式地招人,这个你可以跟一些熟识的猎头顾问多沟通学习,懂得引入外部人才的好方法和思路是非常必要的。"

"嗯,内外部结合,不断调整和完善。"

"你还要跟姚兵多沟通,你们的工作不能各家自扫门前雪,内外两条线才能支持业务发展。如果出现招进来员工之后不管不顾的问题,那肯定也是这边进,那边出,业务部门怎能不抱怨?"

"对,今年的重点是要发挥我们的专业价值支持业务发展。"董乐看了看姚兵,两人点点头。他顿了顿,继续说:"对于海外总监的招聘,去年我们是跟猎头公司合作的,那时我们之前的

HRD还在，但就是拖了很久也没有合适的人员过来，周董也催了很多次，我也不好说什么。"

"你认为主要问题出在哪里？"崔世波问道。

"我认为是对于猎头项目的节奏和时机的把握问题。我们原来的HRD对人才是比较挑剔的，当时说品牌总监需要猎头帮忙找，他也一直跟进这件事情。每个候选人他都亲自面试，顾问那边也推荐了几个过来，速度还是很快的，但是他一直觉得不合适，要求那边再推荐人过来，但是时间长了猎头的热情也退了，推荐的人不多。后来，HRD又觉得之前有两个还不错，就打电话再次约见，结果人家都已经找到了工作，所以这事就暂时搁置，直到他走了也没有一个合适的人到岗。"

"周董见过这些候选人吗？"

"见过一两个，但是他总是没时间，就让HRD先把关了。"

"我们目前合作过的猎头公司有几家？"

"算算也应该有七八家了，因为我们之前需要猎头公司的岗位不多，都是后来有需要的时候临时找的，没有长期的合作。"

"接下来我希望你对这些人才供应商做一次筛选，标准我相信你应该清楚吧。另外，尽快出一份招标书，把我们几个岗位的需求写清楚，务必重点关注各家公司的招聘策略、渠道、项目计划等，关键信息要及时反馈给我，有问题可以找我商量。好了，今天的会议就到这儿。"

"好的，我尽快落实。"董乐拿起资料，与姚兵一同走出了办公室。

> **知识小分享：企业招聘通常遇到的问题**
>
> 1.人才需求预测不准确，没有制定明确的人才获取策略。
>
> 虽然大部分企业每年都制定人才招聘需求的规划，但比较粗糙，无法准确连接业务发展战略或者不注重核心人才规划，忽视制定明确的人才获取策略。
>
> 2.在招聘中无统一的评价标准或者不够清晰明确，应用效果差。
>
> 企业在招聘过程中没有制定统一的招聘标准，每个人都有自己的评价标准，或者即使制定了统一的评价标准，但不够具体、明了，缺乏可操作性。
>
> 3.没有制定科学的招聘甄选流程，招聘渠道的有效性无法保证。
>
> 招聘甄选流程过于随意，或过于复杂，不够高效、经济；忽视各种招聘渠道的成本、效率、适用人群等多方面的评估，未根据企业和岗位特点有效组合各种招聘渠道，或忽视新型招聘渠道的开拓。
>
> 4.没有应用客观、有效的评估工具，不注重考官队伍的甄选技能的提升。
>
> 在招聘过程中更多依靠自己的直觉和主观判断来进行评估，未区别关键岗位的差异化甄选工具。面试官没有接受相关面试技巧的培训，不能正确使用招聘

工具对候选人进行有效评估。

5. 不注重新员工的入职与培训，没有持续性评估招聘效果。

在 offer 签约以后，不注重与新员工的沟通交流，没有为其顺利入职搭建合适的平台，导致人才在短时间内流失；整体招聘工作结束后，后续没有进行招聘效果评估，无法为下一年招聘工作的改善方向提供依据。

求助外部猎头

招标公告发出后，有三家公司应标，董乐按照崔世波的建议，对三家的方案作了详细的对比。最后董乐认为，TB 公司比较有吸引力的是招聘标准、人才地图等工具，他们的招聘是建立在对人才需求的深刻理解基础上的，并且聚焦到了搜寻的行业和岗位。更重要的是在业务介绍的环节中，他们的项目经理李磊对于人才外部获取策略的阐述，与崔世波的要求不谋而合，对于四个关键环节的把握相当到位，是更为合适的合作对象。崔世波也认为有这样的考虑，质量才是有保证的。

工具小博士 8：人才外部获取策略

第一，分析人才来源。包括对目标人才群体来源进行归类，绘制人才分布地图等。

第二，明确人才获取成本。包括明确目标人才的市场薪酬水平和目标人才的薪酬激励方式等。

第三，建设雇主品牌吸引人才。包括明确目标人才职业发展关注点，建设雇主品牌，向目标人才传递清晰的吸引信息等。

第四，人才融入与留用，主要从目标人才的短期融入和长期留用两个方面考虑。

招投标会之后，崔世波和董乐经过了一轮内部研讨和筛选。最终 TB 公司的方案赢得了大家的认可，崔世波决定与他们合作，争取在最短的时间内把人才招聘到位。

第二节　关键不在于完美，而在于合适

招聘的标准是什么

在确定合作后的第二天上午，董乐约了对方的项目经理李磊来谈细节，与崔世波作进一步的沟通，正好周董上午有空儿，还可以安排一次访谈。

"我们先安排了您对周董的访谈，因为他中午要飞去外地，所以您的时间尽量控制在一个小时以内吧。"董乐带着李磊进了电梯。

进入总裁办公室，周董正在沙发上一边喝茶，一边看着访谈的材料。董乐在简单介绍双方之后先行离开了，李磊手拿笔

记本在对面沙发上坐下。

"周董,您好!今天主要是针对三位总监的招聘项目跟您作一个简单的访谈,从理解公司战略和业务挑战出发,明确三位总监的能力要求,这将会作为我们招聘中的一个重要标准,保证招聘来的人能够胜任并且创造业绩。"

"好,你们的材料我也看过了,现在就开始吧。"周董靠在沙发背上,端着茶杯说道。

李磊扶了扶眼镜,开始问道:"这三位总监的需求是跟咱们公司未来的战略发展要求密切相关的。据之前的了解,品牌管理部这边我们是已经有了一个小的团队,但目前的团队能力尚不足,那我们就从这里说起吧。公司未来的目标是要增加多个产品线吧?"

"对,这个已经在公司内部达成了共识,我们目前只有木兰一个品牌,未来会增加至少两个新品牌,研发那边还是空缺。同时,还要开拓国际市场,首站是美国,今年已经在筹划了,现在你们帮忙招的就是美国市场的营销总监。"

李磊继续问道:"基于这个目标,品牌管理方面主要的业务挑战在哪里?"

"你知道多个品牌的管理和单一品牌绝对是不一样的,而且要开拓国际市场,前提是我们要加强在国内的影响力。我们目前在这一块做得还远远不够,品牌的维护也没有做到位,未来几个品牌的管理需要有人带头做起来。我们现在只有一个品牌经理，做的事情还浮在表面，事务性的居多，很多事情还是分管副总在管着，这绝对不是长久之计。"

李磊追问道："那么您认为未来对于慕澜集团来说，品牌管理成功的关键取决于什么？"

"品牌的定位，形象的建立，新品上市的策划、宣传、终端的品牌维护，媒体公关等方面都要系统地建立和运作起来，形成一个体系，不能像现在一样。"

李磊点了点头，接着周董的话说道："基于我的理解，公司目前的重点是要进一步提升木兰品牌影响力并做到全面维护，同时要为未来多品牌的出现奠定基础，重点从品牌定位、发展策略、推广计划等方面打造团队的品牌管理能力，还要考虑到海外市场上的品牌推广。"

"是的，我们原来的团队专业能力是很弱的，所以这位总监的要求应该是经验丰富，同时能够提升团队整体专业能力。"

"对于品牌管理总监的要求，看来要以专业为基础，同时要懂得如何培养下属。"

"是的，还有就是……"

经过了近一个小时的访谈，李磊已经对三个总监职位的能力要求有了进一步的理解和判断，接下来就是跟崔世波进行整体项目的沟通了。

董乐带着李磊来到了崔世波的办公室外，敲了下门。

"请进！"

"崔总,李经理过来了。"董乐说。

"崔总,您好!"李磊先开口打招呼。

崔世波起身说道:"你好!请坐吧,董乐你也一起。"说完,三人在沙发上坐下来。

李磊在讲标的时候已经对本次项目的策略和方法作了比较详细的介绍,这次过来是对周董作个简单的访谈,基于之前的假设,对业务需求作更深的了解,确认和完善招聘标准。

"基于你们的经验来说,对于这三个关键岗位的招聘,需要把握的关键有哪些?"崔世波问道。

"首先是要确保人员与企业的较高匹配度,也就是种子匹配土壤。对于'空降兵'来说,后期是否能够平稳着陆是大多数企业头疼的问题,我们要从源头上抓起,从职业价值观和兴趣倾向两点出发来考虑,结合候选人的背景、经验、个人能力和风格等方面,找到真正适合企业的人选,这一步的关键不在于完美,而在于合适。"李磊边说边拿出了准备好的材料递给了他们。

他继续说道:"除了匹配度,我们要考虑的关键是保证关键岗位人员的能力是能够承接并支持战略达成,这就涉及要为他们设定一个统一的招聘标准,包括硬性和软性双重标准。对于软性标准方面,我们主要运用3W+B模型来确定对三个关键岗位人员能力的要求,这是这个环节的重点。"

"能不能再详细介绍一下你们的这个模型?"

"这个模型关注的是如何将战略有效分解至对人员的能力要

求,并直接反映到行为层面,从而驱动战略绩效达成。"李磊指着材料上的图(见图2-3)说道。他拿出了初步拟定的招聘标准,继续说道:"以3W+B为指导原则,结合刚才跟周董的访谈内容,我们会确定出本次招聘的三个岗位人员的能力要求,回去之后我会把材料发过来。"

工具小博士9:3W+B模型

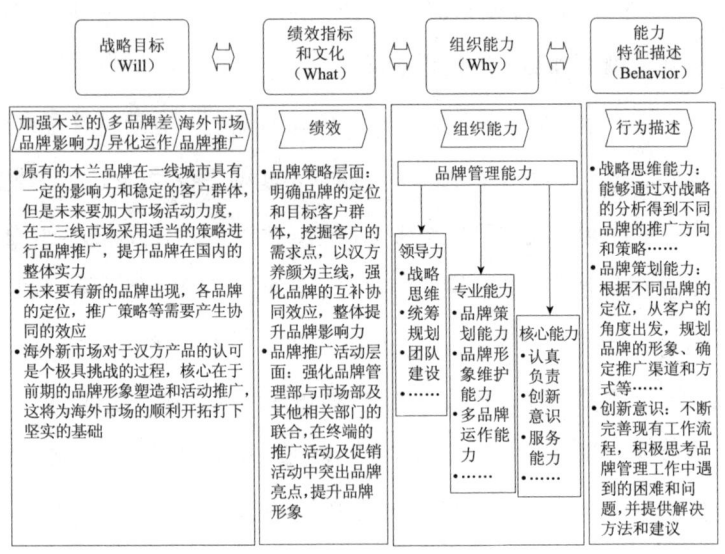

图2-3 3W+B模型

绘制人才地图

"那么对于如何找到这样的人,你们有什么有效的方法?前期了解到你们会确定一个人才地图,这部分的关键在于什么呢?"崔世波继续问道。

"这个环节的关键是锁定范围、准确定位、定向搜寻。我们基于公司的战略,最终确定对标的行业与企业,并确定搜寻的渠道。"李磊解释道。

"在这个人才地图运用方面,有哪些标杆案例可以跟我们分享一下吗?"

"其实万科地产当时在精细化发展时期做的精英人才计划,就充分运用了人才地图的方法,理出了17类社会精英角色来补充组织能力建设,并锁定了搜寻的行业和企业,例如要提升客户细分的组织能力,对标的是快速消费品行业的关键人才。再比如,在2010年,万科所关注的组织关键能力为精细化管理、产品研发、投资管理,其所对应的社会精英为六西格玛专家、建筑设计院院长、投资管理总监。这三类社会精英的来源分别为有六西格玛成功实施经验的制造业和服务业中资深项目负责人,建筑技术研究机构的资深技术专家(以日本机构为主),具有房地产行业经验的基金公司或大型投资机构如摩根斯坦利,房地产相关行业中有管理合资经验的企业,如仲量联行……"

案例:万科社会精英人才计划

万科在精细化发展时期,通过"精英人才计划"

招募各行业的领先企业精英人才,再通过快速的批量补给促进业务的长期持续发展。

2007年7月,万科进入精细化发展时期,提出千亿企业的目标,而万科自身的管理团队几乎没有管理更大规模企业的经验。如此宏伟的战略必将挑战执行战略欠缺的组织能力,包括市场细分与品牌管理、工业制造与精益生产能力、并购与资本运作能力等,组织能力的缺乏进一步放大为组织内核心人才的缺乏。因此,万科启动新一轮的人事行动——精英人才计划,即"007计划",开始引进制造业、零售业等行业的全球性企业的精英人才。

自"精英人才计划"开展以来,万科已陆续引进32名跨行业管理人才出任要职,包括之前在宝洁公司负责ECR(品类管理)的陈东锋、曾任百安居中国区副总裁的袁伯银、万博宣伟国际公关公司(中国区)消费品及医疗领域前负责人于玉光、曾任仲量联行亚太区董事和资产管理总监的许国鸿等,这些人才的到来很好地弥补了万科在很多组织能力方面的不足。万科的"精英人才计划"彰显了其不可小觑的野心,正如王石所说:"利润是这个世界上最靠不住的要素,创造利润的团队能力才是真正靠得住的要素。"万科灵活的人才策略不仅促进了万科由专业化向精细化转型,同时精细化带来的利润也是巨大的。

(资料来源于搜狐网)

"他们在做这个人才引进计划的时候有哪些关键点,能否详细介绍一下,最好是能够结合你们的四个策略,我们在整体上能够有个了解。"

"首先,通过均衡记分卡分析、价值驱动分析、核心流程分析、对标和宏观分析以及高管访谈五种方法,从未来稀缺的组织能力入手,推导出需要从外部引进的17类社会精英角色来补充组织能力的建设。在这一环节,企业通常需要对人才需求和人才供应的差距进行分析,采用研讨会的形式最好,制定出包括人才搜寻、雇用和留用的人才获取战略。

工具小博士10:制定人才获取战略(见图2-4)

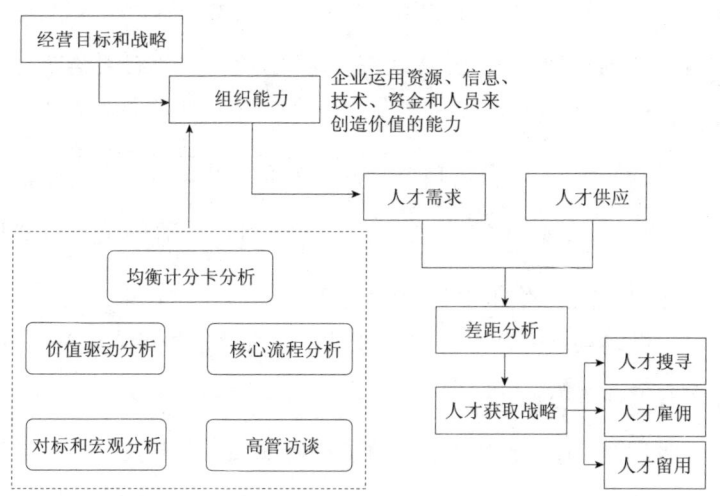

图2-4 人才获取战略制定方法

"万科对这十七种能力进行了分阶段和战略主题的划分,以明确在每个阶段所重点关注的组织关键能力,以及承载这些组织关键能力的社会精英的主要来源。

"接下来要做的工作是明确将要引进的社会精英相关职位的市场价值。根据人才的稀缺度与重要度,精英人才的市场价值为40万到180万不等。另外,要对社会精英相关职位的固定薪酬与浮动薪酬比例的市场信息进行了解,例如,外企相对较低的浮动薪酬比意味着承担相应较低的风险。

"与此同时,万科根据马斯洛的五个需求理论向社会精英传达的关键是万科企业文化。例如在完全稳定的需求层面上,提出'万科是一个高透明度合法合规的优秀中资企业',而在自我实现的需求层面上,则提出'从一千个亿做到两千个亿生意是很有挑战的事情!但是,如果有了你的加入,我们就会变得更有信心'。

"最后,在人才留用环节,万科采取软着陆策略来克服精英的水土不服问题,例如,让一把手当导师,所有的精英都要从副职开始,保留薪酬结构,自主选择等。"

崔世波点点头,问道:"对于我们目前所需关键人才的获取,你们有哪些考虑?"

"目前公司处于转型期,为了达成未来多产品线开发、海外扩张等战略目标,需要理清目前缺失的组织关键能力并且及时补给。这一点现在已经很明确了,那么接下来就要精确对标行业和企业,明确关键岗位、人才的来源、获取的渠道和方法。(见表 2-1)"

工具小博士 11:人才地图

表 2-1 人才获取战略制定方法

未来组织能力	对标行业 / 企业
驾驭复杂事件的能力	汇丰银行
战略思考能力	通用电器
风险管理能力	银行业(汇丰银行)
税务管理能力	率先建立税务管理职能的在华跨国公司或大型国有企业
投资管理能力	房地产投资管理公司、大型商业银行的投行业务或与地产相关的投资银行
精细化管理能力	丰田汽车
融资能力	资金密集型企业(汽车行业,如福特、通用)、商业银行
客户细分能力	快速消费品行业(宝洁)、商业银行的个人金融业务(招商银行)
品类管理能力	丰田汽车

李磊指着材料上面的一页,详细介绍了人才地图的方法和对本次项目所需要的人才搜寻策略,"海外营销总监我们锁定在同行业内主打中低端化妆品的跨国公司,在美国市场有丰富实战经验的候选人为佳;品牌管理总监锁定同行内或者快消品行业的世界五百强企业的经理或高级经理级别,有国际视野和丰富的品牌策划和管理经验为佳;研发总监锁定在同行业、中草药研

究等行业的国内十强企业。"

"好，对于项目的初步计划，我也看过了。"崔世波回应道。

"我们计划了每个岗位每周的推荐时间和数量，与这边的面试安排相配合，保证在项目进行的两个月内持续有节奏地推荐，建议您这边把握面试的质量，对于相关的反馈请及时给我们回复，项目的顺利推进和双方的努力是分不开的。"李磊最后明确合作的诚意。

寻猎过程遇阻力

李磊的速度很快，第二天就把招聘标准和项目进度安排的确认邮件发到了董乐的邮箱，另外附上了岗位需求说明书。董乐将相关内容填写完整后发回给李磊，双方对于人员的招聘标准达成了共识并最终确认。

项目顺利启动了，李磊那边也开始了在目标行业和企业的搜寻，董乐每天都会打电话询问进展。

接下来的几周内，平均每周每个岗位至少有一个候选人推荐，这些候选人都是经过了顾问严格筛选的。TB公司按照招聘标准定制化地开发了面试的题目，由资深顾问进行面试，并对面试结果进行总结和记录。每位候选人都有一份简单明了的推荐表，里面记录了候选人的优劣势以及顾问对候选人的总体评价、推荐等级等，以供慕澜的面试人员参考。

董乐先后安排了三次面试，崔世波每次都放下手中的工作很认真地进行面试。到了第六周的时候，他留了两个海外营销总监和三个研发总监的合适人选，建议由周董进行面试，但是周董一直没有时间，只是抽空见了其中一个海外营销总监候选人——杨石。迟迟未有进展，崔世波有点着急了，时间拖得太久，猎头那边的热情也会减少的，而且他对杨石很有信心，也跟周董提过，但是不知道为何周董见过之后却没有给他反馈。

一天早上，崔世波收到了周董的邮件，打开一看是关于面试的建议，"世波，我见的那个海外营销候选人杨石，经验够丰富，但是他要的薪酬比较高，条件也很多，我觉得不能那么着急就定下来，可以再看看。我明天一早飞去外地，这几天都不在公司，暂时没有时间面试，其他的研发总监你先把关吧。"

崔世波看完邮件，心里觉得这样迟迟不确定，很多合适的人选就错过了。他深刻了解对于这种高端人才来说时机的重要性，于是直接拨通了周董的电话，说明了这三个岗位的重要性和紧迫性，希望周董务必抽时间进行面试和确认。

另外，崔世波也直言他对于海外营销总监人选杨石的看法："对于海外营销总监的人选我认为还是不错的，从目前海归人才市场的情况来看，他是属于性价比比较高的人选。虽然他希望前一年能在国内待至少四个月以上，这个条件对于公司来说可能有点为难，但是这是可以商量的条件，我看重的是他在竞争对手那里积累的经验、魄力以及具有一定吸引力的资源，这些对于我们公司来说是相当重要的。现阶段，我不想错过这个合适的人选。您认为呢？"

"我考虑一下，下周我回去，我们可以作一个探讨。那研发总监的人选，你安排时间吧，我周四或周五的时间可以选择。"周董在电话那头给了他明确的答复。

崔世波心里的石头总算落地了，尽快让董乐通知了几位研发总监过来面试。此时他的心里就剩下品牌总监的候选人了，这是他比较头疼的，因为直到现在，推荐来的人选都不合适。

搜寻一个诸葛亮，还是组合三个臭皮匠

依照当时顾问给出的品牌总监的招聘标准，推荐过来几个候选人，条件不错的要求给副总的位置，条件差一点的过不了崔世波这一关。面试几次之后，李磊重点推荐了其中一位叫杨国明的。

崔世波跟李磊沟通道："他的品牌策划能力的确很强，但我觉得他的综合能力只达到了标准的 2/3，管理能力不是很突出，只是个品牌高级经理。"

"当时我们访谈的时候了解到，公司在品牌方面之前有一支小团队。"

"是的，但是多半是我们的副总在直接打理，他们的能力不足，这个我之前也提过。"

"那么对于目前的那位品牌经理，您认为如何？"

"他是公司比较老的员工了，对公司很熟悉也很忠心，但是

品牌方面的专业比较弱，我来公司之前的 HRD 是想给他进行适当的培训，把这一块提升起来，可以勉强扶到总监的位置，因为他的管理能力还是不错的。但是你也知道，整个公司的培养体系没有搭建起来，专业提升也仅仅是表面功夫，现在的需要如此急迫，这样揠苗助长不太可取。"

"你的想法我赞同，其实团队组合的重要性更大于某一位领导的个人能力，你可以从这方面考虑一下。

> **知识小分享：如何进行团队能力组合**
>
> 1. 团队特征是什么？
> 2. 最适合去完成什么任务？
> 3. 团队成员角色如何分工？
> 4. 还需要什么类型的团队成员才能更好地完成任务？

"这位品牌经理对公司情况十分了解，管理能力也很强，在位的这一年管理做得还可以。但是到了目前阶段，公司对他这一职位的品牌策划和管理能力要求很高，他明显是达不到要求的。但如果站在互补的原则上来讲，候选人杨国明不就是非常好的选择吗？"

"你是说遵循互补的原则，让他们两个人各自发挥长处？"

"是的，发挥团队最大效能的前提并不是保证每个人都是全才，是出类拔萃的，那样其实是变相地浪费资源。尤其是在公司目前的阶段，互补原则会更加重要，这样也是发挥老员工的长处，调动其积极性的一个手段嘛！"

听了李磊的建议，崔世波顿时理解了团队组合的重要性。虽然他早就知道这个理念，但在实际问题上，还是希望招来的每个人都尽可能完美。此刻他想明白了，立即让董乐约了杨国明下周的时间，与其他候选人一起见见周董。

知识小分享：互补型团队组合

互补型团队的四种类型：

1. 风格互补：团队中同时需要任务导向和人际导向的领导风格，比如：CEO 为人际导向的领导风格，COO 为任务导向的领导风格。

2. 才干互补：找到全面、综合型管理人才比较难时，可组合专长互补团队，比如：CEO 具有销售和营销背景，COO 具备财务或运营专才。

3. 特质互补：根据个体在个性特质方面的差异划分进行互补，比如：善于制订并传达远景规划的领导人和精于执行能够专注于具体策略、细节和后续情况的领导人即形成互补。

4. 角色互补：根据个体在领导重心扮演的角色方面的差异划分进行互补，这样的领导人经常在组织中扮演分立互补的社会角色，比如：注重管理战略与管理业务的领导者和注重管理团队与管理业务的领导者即可互补。

第三节　空降兵最难的事：融入

聪明人的笨功夫

研发总监杨志忠在顺利通过了周董面试后的第二周就到岗了，对于新产品研发的工作他提出的首要任务是迅速补齐所需人才。董乐第二天就找到了他，明确招聘的事情，确定了需要八个高级研发人员、若干个中级研发人员。对于经验和能力的要求，董乐也是很耐心地跟总监进行了探讨和确认。回去之后，他通过传统的方式在网上发布了招聘信息，但是半个月过去了，来应聘的人数量不足，而且大多不合适。这时候董乐有点着急了，不知道他的整个招聘过程出了什么问题。

他又找杨志忠了解情况，杨志忠说："其实我们研发人员的稳定性相对高一点，如果本身公司的文化、待遇都不错，一般不会选择跳槽，一旦跳槽，肯定会选择很有吸引力的公司，要保证我们的招聘广告和待遇方面的竞争力。其实借助外部力量，从竞争对手处挖来人是比较好的。"

董乐也考虑过挖到竞争对手的研发人员，但是这操作起来比较敏感。回来之后，他再次联系了李磊，希望能够了解一些这方面的服务或者是一些可以借鉴的好方法。

"批量的招聘，我们可以提供 RPO 服务，来保质保量地招聘到你们所需的人才。"李磊介绍道。

> **知识小分享：RPO 服务**
>
> RPO 服务，即招聘外包服务，是专业的人力资源公司利用自己在人才资源、评价工具和流程管理方面的优势来完成招聘的一种服务方式。包括批量招聘外包、招聘流程优化、入职培训、面试官培训认证等，整个招聘过程运用招聘管理系统进行简历筛选、过程监控等，为企业 HR 节省了时间和资源，提升了招聘的有效性。

"从你们推荐的几位总监人选看来，我是相信你们的实力的。另外我有一个问题想请教一下，目前我们公司的招聘遇到了一些问题，上次也跟你提过，崔总让我作一个分析报告，初步的数据我都有，但还是觉得无从下手，也找不到问题的根源在哪里。"董乐说道。

"通过咱们几次的聊天，我也能感觉到这一点，公司还没有一套完善的招聘机制，仅仅是在找人，这还不能算是真正意义上的招聘。要做到外部人员的持续输送，你这个前端入口环节一定要做到位，这样才能保证企业准确高效识别匹配人才。如何做到这一点，我们有一些方法可以给你介绍一下。"

"这个就涉及你的整体招聘流程优化的问题（见图 2-5）。在整个招聘过程中，我们提出的高效招聘模式，要对几个关键环节进行把控。这是在外部成功实践的总结基础上，对传统招聘进行的优化。从前端的招聘策略及招聘标准的制订到后期人才入职和跟踪培养，再到整体招聘有效性的持续评估，你可以在过程中去体会，对于你自己的工作可以有些借鉴意义。"

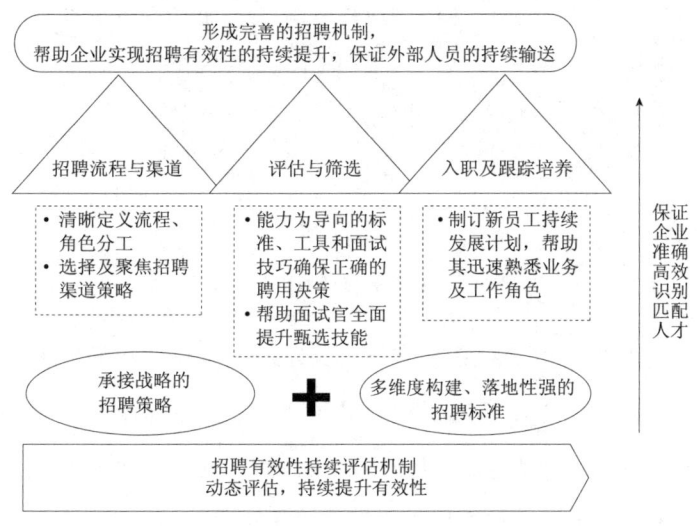

图2-5 提升招聘有效性的整体思路

聊完了批量招聘的事，李磊想起了那两个总监，不知道两人来到这里是否能够快速适应，就开口问道："你们的高管融入做得怎么样了，不要忘记人才引进策略的最后一步，也是至关重要的一步，这是保证招聘有效性的重要一环。（见图2-6）"

人才招聘策略及招聘标准	招聘流程与渠道	评估与筛选	入职及跟踪培养	有效性持续评估
根据公司战略执行的需要，制定清晰、可量化的人才需求/供给目标以及招聘标准	清晰定义的流程、角色分工；选择及聚焦招聘渠道策略	实施能力为导向的标准、工具和面试技巧以确保正确的聘用决策	关于新员工持续发展轨迹的正式计划	持续对招聘有效性进行评估
关注点： • 预测核心人才需求 • 多角度、多维度构建胜任力模型，既反映组织自身的特点，又能"落地"实用	关注点： • 清晰定义的主分流程、明确各关键决策环节的角色分工 • 规划招聘渠道策略，建立雇主品牌	关注点： • 关键岗位的差异化甄选工具 • 关注提高经理人甄选技能的培训 • 提供有效和完善的应聘者体验	关注点： • 让应聘者马上进入入职程序 • 有效的入职培训流程，帮助新员工了解公司的业务和工作 • 建立支持网络，帮助新员工熟悉业务和工作角色	关注点： • 界定招聘平衡记分卡 • 经常性的评估和反馈

图 2-6　高效招聘模式的五大议题

董乐愣了一下，说道："我今天跟研发总监见面聊招聘的事情，看他的状态还不错，我觉得问题不大。品牌经理来了之后忙着跟部门人员开会，制订计划什么的，我还没有见到呢。不过大家反映说他人很热情，都挺喜欢他的。"

"高管融入可不单单是这些，公司高薪请来的人，是要收到立竿见影的效果的，这个效果来源于两方面，一个是公司给的支持，二是自身对融入的深刻认识和有效策略。"李磊补充道。

"对于业绩目标，周董那边是定好的，他们心里应该很清楚了。我们也有一个简单的学习和绩效达成计划，都是按照这个来走的。"

"关键人才招聘进来后,后端的着陆问题,你也要关注一下。如果有可能,我觉得你们这个计划要做得尽量科学和量化。这几个人我都有了一定了解,背景各异,风格不同,水土不服是一定的,但是一定要在可控范围之内,不然,真的是前功尽弃。按照计划,海外营销总监应该在下周到岗,你提醒一下崔总,这个人也是他一直关注的,最好拟定一个量身定做的计划比较好。"

董乐笑着说道:"嗯,有道理,我到时会提醒崔总的,谢谢你的建议。李磊,咱们合作的这两个月里,我真的学到了不少东西,崔总也很费心,一直在指导我,毕竟他是从外企出来的,工具方法都成熟,理念也比较新。在慕澜做了几年的招聘经理,我这次算是再次提升了。"

杨石上任矛盾频现

研发那边的工作陆续开展起来了,海外营销总监也走马上任了,他就是慕澜集团最大的竞争对手×公司的美国市场负责人杨石。他在那家企业待了整整五年,这次跳槽主要是为了家庭,之前他在美国常驻,虽然说工作上顺风顺水,但是太太和女儿在国内生活,对家里照顾得太少了,所以这次慕澜答应了他的条件:一年只有六个月驻海外市场工作,其他时间都可以在国内,但是前提是他能够在年内组建一支高效团队,让海外市场正常运作起来。在他看来,这根本不是问题。

但是在杨石上任后的一段时间内,他的安排和表现并没有给人留下十分深刻的印象,相反,他的风格和做法引来了团队部分人的不满。

> **知识小分享:高管上任初期需要注意的问题**
>
> 一、理清利益相关者,传递清晰明了的信息
>
> 高管的到来,会给特定的群体带来一定的影响,所以他们希望尽快弄明白高管来到这里的意义和将会产生的影响,第一天上班切记要向大家传达清晰明了且正面的信息。
>
> 二、把握会晤的顺序和时机,避免不必要的麻烦
>
> 第一天以及上任的初期,将会陆续地与不同的对象见面,切记要对会晤对象的顺序和时间做慎重地考虑,保证第一步不会踏入"雷区"。
>
> 三、倾听多于表达,为快速融合打好基础
>
> 想要在团队中被迅速接纳,那么强势的观点、冗长枯燥的陈述绝对不是可取的手段。第一天,倾听最重要。
>
> (资料来源于《新领导的100天行动计划》)

一晃,半个月过去了,一天上午,总裁办公室内,周董和崔世波两个人面对面坐着。

"杨石的事情,你听说了没?"周董靠着椅背,这是杨石上任之后,周董第一次跟崔世波单独聊起他。

"听说了一点,好像跟海外供应团队不是很融合。"

"不只是融合的问题,他的规划方案我也看了,很多东西都还是谈得太大,没有结合咱们的实际来做啊。我觉得这种海外回来的人,思想是创新,但是没有结合企业实际,跟业务联系不起来,那就等于白费。"

"我了解过了,认为他能力是可以的,只是行事没有太顾及团队。"

"我本来以为他来能够把海外市场这一块快速带起来,看来,还要斟酌一下啊!以后招聘还是本土的人才靠谱,或者内部提拔一个上去,至少不用搞得大家受很大影响。你看最近他身边那几个人,灰着脸,还没有之前卖力。这还没常驻美国,要是过去了,乱成什么样子,总部可就收不住了。"

> 知识小分享:"空降兵",文化融合很重要

文化是人们的深层核心价值观和言行举止的结合物。一般来说,文化根植于员工本身和他们的核心构想和信念。解决之道在于抓住"两点":

首先,要了解并遵循决策制定和管理层的核心文化密码,同关键的利益相关者建立重要的联盟;同时,在公司制度之下,必须要搞清楚,"当总裁不在时",人们默认的稳定不变的态度、行为和沟通准则是什么。

其次,要在组织中将沟通进行到底,因为无论空

降高管说什么做什么，都体现了他的核心价值观、信念和意愿。想要让大家了解他，同时能够积极地推动执行，那么沟通是必不可少的环节，也是极具艺术的一个重要手段，要用他们的语言进行交流，可以起到事半功倍的效果。

（资料来源于《新领导的100天行动计划》）

"他是从竞争对手那里挖来的，市场经验和资源是货真价实的，只不过能力还没有完全展现出来，而且……"

"你别迷信什么竞争对手，业绩出不来，哪里来的都不行。你看他天天那身打扮，也一把年纪了，头发竖得像刺猬一样，难怪不受欢迎，脾气也好不到哪里去，办公室搞得半土不洋的。算了，你找时间去专场招聘会再看看，我觉得我们有必要换一个更合适的了，还好他来的时间不长，你考虑考虑跟他谈谈吧。"

"我先找他聊聊，既然当初我极力推荐他，现在他的表现不佳，我也是有责任的，给我点时间。"崔世波声音降到了最低，但依旧十分坚定。

100天成长计划

回到办公室，崔世波坐在椅子上一动不动，思考着杨石到岗之后出现的种种问题。这些都是空降高管上任后肯定会出现的问题，再看看研发和品牌总监，虽然是挺受欢迎，但是这个月也没有任何突破性的贡献，这就是问题了。现行的计划为什么对他们没有积极的帮助呢？以他的经验来看，有很多方面会对优秀人才的融合问题造成挑战。比如压力过大，与上司的管理风格不匹配，和重要人物之间的关系发展不够，缺乏合适的组织支持，等等。可问题到底出在哪里，崔世波再三思考，觉得十分有必要及时找他们三位聊一下。首先要找的就是杨石，于是他写了一封邀请邮件给杨石，约他在本周内进行详谈。

第二天一早，崔世波就收到了杨石的回复，他也希望能尽快聊一次，约了当天的时间。于是崔世波迅速安排了一下手头的事情，直接找到杨石。

长谈过后，崔世波了解了他的需求和困难。对于这种种困难，两人都认为需要从公司层面和个人层面共同努力。他们推翻了原有的上任计划，经过一天的探讨和思想碰撞，思考出了高管软着陆的关键点，并在此基础上，形成了一个百天成长计划的初步构想。

第二天，崔世波邀请其他两位总监一起，就此进行探讨和修订，三位总监对于这个计划分别提出了各自的见解和意见。他们一致认为上任一百天计划的目的在于达成短期胜利，让大家看到立竿见影的效果，获得老板和员工的信赖和认可。而在整个百天计划中，需要时刻提醒自己的是如何做到有效沟通，获得团队信任，这应该是贯穿整个计划的核心思想。那么基于这个目标和核心思想，四个人又重新把零散的设想进行整合，画出了两条主线：第一个是围绕个人层面的成长策略计划，分为

30 天、30～60 天、60～90 天三个阶段，明确了每个阶段的关注重点和要达成的目标；第二个是成长支持计划，与成长策略计划并行，也相应地分为三个阶段，重点在于公司在各个阶段可以提供的支持有哪些，包括氛围方面、资源方面、团队构建方面等。

本次百天计划的启动，在于保证三位总监的平稳着陆，同时考察业绩表现。这是对几位高管的考验，也是对 HR 工作的考验，崔世波深刻地认识到这个计划的重要性。

在结束了两天的研讨之后，崔世波将整个计划方案进行了整理，明确了计划的目的，理清了核心点。于是，他约周董就此计划进行一次沟通。

工具小博士 12：100 天成长策略

对于高管的上任一百天成长计划，需要包括 HR 能提供的培养内容和相关手段，更重要的是高管对于自身的上任策略需要有清晰的计划，用可获得的资源，达到团队融合与业绩提升的目的。可以分为三步策略：

第一步：30 天关键紧急策略

30 天内，针对团队目前必须做的事情，与成员一起制定策略和规划，保证所有人对此都达成共识，明确其重要性和关键环节，这个过程关键在于沟通，要尽快掌握沟通技巧。

第二步：30～60天关键策略的实施

这是将策略进行落地的一个关键过程。在这个过程中，领导者需要对团队进行有效整合，在组织中形成高效信息传递和团结向上的氛围，在实施的过程中，驱动团队有效运转；同时，与利益相关方进行有效沟通与协作，加速构建人际网络。沟通在这个过程中同样起到了不可忽视的作用，要记住，在高管上任的一百天中，他的一言一行都可能对他是否"存活"产生重大影响。

第三步：60～90天的胜利

为了赢得大家对空降高管的信赖，必须在百天计划的前60天（最多90天）内，完成对关键策略的实施，并取得初步胜利，这是一个树立团队信心，让领导和团队对你产生信任的过程。

总之，三步策略的运用和效果因人而异，但请记住，无论运用何种方法来实现平稳着陆，策略制定、资源支持都是必不可少的，对于空降高管个人而言，沟通和建立信任是时刻要提醒自己的。

（资料来源于《新领导的100天行动计划》）

"我们在这个计划中采用的核心策略是'三步曲'，目的在于达成绩效和能力提升两类主要目标。帮助三位总监及未来的外部引进人才扫除文化融合的障碍，实现软着陆，同时达成短期目标，建立自身信誉的同时，增强大家对他们的信任。"

周董详细看完了整份计划材料，答应了崔世波，给他一百天的时间去实践这个计划，看看这三只"羊"（杨）能否在这一百天内达到他所期望的状态。

崔世波对于这个计划很有信心，在回办公室的路上，他给杨石打了通电话："石头，老板批准了，现在咱们四个可是在一条战线上了，100天之后见分晓，第一步是踏出去了，之后就看你们三只'羊'的了，哈哈！"

本章总结

快速扩张期、转型期、变革期的企业如何快速补给缺失人才？

一、及时的外部招聘

2000年伊始，在经历了90年代的高速发展和新一轮的融资，万科决定开始进行第一轮的区域性扩张。但是在这样的战略目标下，年轻的万科缺乏足够的人才积累和组织厚度来支撑其进行有质量的大规模区域扩张，万科的人才供应链供给端出现了严重的缺口，扩张需要的高端人才严重缺乏。如果继续开展大规模的区域扩张，必将导致人才供应链断裂甚至是战略失败。而万科当时的内部培养机制建立时间也不长，尚且不够完善，员工入职的时间也不长，无法从内部提供足够的精英人才来实现有质量的扩张。此时，为了及时满足万科的扩张需求，外聘人才成为万科的不二选择。虽然这只是个成功挖角的案例，但它却为处在快速扩张期、转型期、变革期的企业指出了一条可选之路。外部招聘，核心在于定向与及时，猎头和 RPO 服务会是这类企业的首选途径。而选择 RPO 服务的目的在于成本节省、时间节约、价值增值。

二、提升招聘的有效性

招聘有效性提升的关键点：
- 承接战略，制定实操性的人才获取策略。
- 能力导向的招聘标准，注重其落地实用性。
- 多维度评估渠道适用性。
- 明确主/分流程和角色分工，确保各招聘环节的决策效率。
- 关键岗位差异化甄选，全面提高甄选技能。
- 将入职及跟踪培养纳入其中，根据新员工不同时间阶段的诉求，制订相应的发展计划。
- 招聘平衡记分卡，动态评估招聘有效性。

三、形成外部人才库

在现阶段，中国企业面对严峻的人才短缺问题，同时人才市场上优秀人才越来越稀缺，企业之间早已打起人才争夺大战。在追求人才管理投入产出比的今天，要实现无时差的人才供给，将人才库建立在企业外部是一种较为有效的人才补给方式。这种企业外部的人才库是虚拟形式，指企业根据自身需要，及时定点掌握外部人才的信息，以便能够在需要的时间及时招募需要的人才，以解决人才短缺严重的问题。

另外，在实践中发现，传统的招聘渠道如人才网站、猎头、学校订单式人才培养固然是构建外部人才库的重要方式。但同时，新兴科技带来招聘模式的改革，微博、社交网站、BBS等方式让求职方式发生变革，"个人的工作体验和感受"被迅速传导给广泛的群体，"先体验后选择"的方式加大了求职者和企业双方的了解，大幅提升招聘有效性。因此，企业需要去接触广泛的求职者，逐步形成"外部人才库"，以提升企业的供给能力。

03 最重要的事只有一件

第一节　被孤立的员工

邮件门

今天的氛围不太对,崔世波一大早走进办公室的时候,好多人都盯着电脑看,还有好多人不停地交头接耳,看到崔世波进来,有意识地掩饰了一下。但好多人又很刻意地看了看他,好像特别想从他的表情中了解点什么信息。

崔世波带着疑惑进入自己的办公室,像往常一样,泡了杯咖啡,打开邮箱检查邮件时,突然看到了两封不寻常的邮件。邮件标了红色的重要标记,名字也加了重重的感叹号,打开看时,里面满眼的红字。

第一封邮件:

主题:

TO:赵依依

From: 费强

时间:2011 年 × 月 × 日凌晨两点

赵依依：

现在是凌晨两点，我才看完你汇总的财务数据报告，还得写这封邮件来处理你的事情。你作为咱们区域的一个老员工，现在已经显得越来越不职业了。每天干那一点点活儿，都还要一直拖着，不能按时完成。上班的时候还嗑瓜子，还整天在背后说别人的坏话，这样非常影响团队的氛围。发此邮件是想给你提个醒。否则就要按我们公司规定，给一次警告！如果还无法改正，那建议你自动消失。

费强

回复邮件：

  TO: 费强

  From：赵依依

  CC: ml-all（慕澜全体员工）

  主题：Re:

亲爱的狒狒经理：

  我今天已经正式向李总监提出了辞职。这封邮件应该是我最后一次跟你通邮件了。在你升职的80天里，我所读到的就是孤立、抱怨、焦虑，还有对下属甚至是老同事的冷眼……你在问我是否职业，但我想问的是：你作为一个主管，你的行为职业吗？

  不信任老员工，把工作独揽。不懂财务知识，还瞎指挥。

  不会授权，把所有季度奖金的核算分发项目死抓在自己手上做。每天累得要死，家里也顾不上，所以你把家里的情绪带到职场，辱骂新员工笨……

就是想把你的种种劣迹曝出来，让大家都看一看。为什么慕澜当初会把这个职位送给你。跟你说，有很多人都比你更合适！现在我不想在慕澜待下去了，但在我走之前，还是想把这封邮件发给大家看看，我不希望还有慕澜的员工因为有不胜任的领导而频频走人。

珍重吧！

赵依依

在职场多年的崔世波看到邮件后，马上有了判断——又一个"邮件门"发生了。

果然，不一会儿，他就接到了周董秘书的电话，秘书通知营销线的蔡副总裁和他去董事长办公室。他们俩刚坐下，周董就问："今天的邮件事件，你们怎么看？"营销副总马上解释道："这事不大，但影响不小，我希望世波能来协助分析处理一下。当然，我看主要是这个区域经理的问题，当时提拔他的时候，我就感觉不是很合适，但实在是因为业务压力需要把一个人提上来，所以我就提了他。你看，果不其然，还不到三个月就了出问题。而且这个人业绩不行，管人也不行，还是把他赶快炒了吧。"

周董说："事情就这么简单吗？我最近还了解到好几例这样的情况，而且明显看到我们一线员工的流失率提高了，我觉得这已经不是个小问题了。"

崔世波说："对区域的业务情况我还不是很了解，我希望能从蔡总这里多了解些一线的情况。"

周董说："好啊，那你们聊聊吧。这事涉及员工关系和内部管理制度的问题，请世波协助你来处理吧。对于一线管理者的问题，也请世波提出一个系统的解决方案，怎么能使我们一线的管理人员不出现这样低级的错误。近期有了方案给我看一下。"

蔡总说："好的。其实这段时间我也正想和世波聊聊呢。世波，现在就去我办公室，我们谈一下吧。"

为下属的成长付出心血

在蔡总的办公室里，崔世波先跟他制定了突发事件的处理方案，并交给他的秘书去处理。随后又跟他聊起了营销系统的新状况。原来慕澜集团为了实现年初制定的战略，实现区域扩张，在年初火线提拔了 11 个区域销售经理，而且还大张旗鼓地招了不少销售人员。新老员工之间本身就需要磨合，再加上这些新提升的经理以前根本就没有管过人，又顶着那么大的压力，所以很多人无法处理好现有的团队关系，人际冲突频发。而且这些新区域经理在日常管理运营的知识技能上也差距很大，一些销售奖励提成的核算都很容易弄错，再加上不会分解业绩目标，不会做业绩考核，就更是乱上加乱了。有好多情况都压在蔡总这里没有向集团汇报，他希望这批人过一段时间能自己成长起来。但是，从今天的事情来看，情况并不那么乐观。

崔世波听了蔡总的介绍，迅速意识到这是"火线提拔"酿成的一系列问题。它已经成了营销系统现在业绩上不去的一个主要障碍了。他给蔡总综合分析"火线提拔"的成因和隐患，其中最重要的是没有清晰的标准界定，再加上没有一个系统的培养方案帮一线经理人完成职业转型，自然会导致这些不胜任的人不断出错。所以不断有人员流失，要不就是经理走人，要不就是下面的销售人员辞职。

蔡总觉得崔世波分析得有道理，也顿时觉得思路清晰了起来。这时崔世波抽出了桌上的一张纸，在上面画出了几条阶梯型的曲线（见图3–1）。

> **知识小分享：领导力发展阶梯**
>
> 　　领导力发展阶梯理论描述了领导者在其职业生涯需面对的六大转变，共涉及六个转点。每一个"转点"或"阶梯"都代表着职责要求和领导力复杂性上的一次重大转变，包括新的能力、新的时间观念以及针对重要事宜的新的价值观。
> 　　一个阶段上的成功发展可以增加下一阶段取得成功的可能性；同样，如果跳过某过程，或是未能在某一水平充分发展，则必将阻碍下一个阶段的成功，从而导致领导力发展阶梯的阻塞，而人才流动也必将受到阻碍。

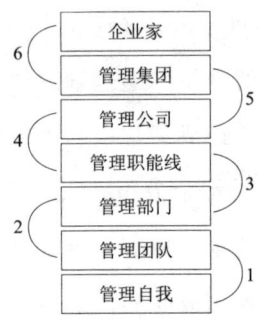

图 3-1　领导力发展阶梯图

(资料来源于由 Ram Charan, Stephen Drotter 和 James Noel 提出的领导力管道理论)

"一个优秀的领导者在通往组织最高领导者的路上需要经过六次转型（图中每个数字代表在领导阶梯面临转型的次数），在每个转型阶段都需要发展新的能力，并放弃以前承担的一些职责。费强面临的是从'管理自我'到'管理团队'的第一次转型过程中的问题，在这一转型期里技能、时间应用、工作价值观都需要跟着调整改变。如果变不过来，自己会遇到一系列问题，而且也很可能会给团队带来问题。"

蔡总说："是啊，你说得挺对的，好多区域总监也都反映说新提拔的区域经理每天都很焦虑，不知道工作重点在哪里，人际关系也会跟着出问题。"

崔世波说："是啊，有很多外企针对转型期的领导者有相应的转型培养计划，以帮助这些处在转型期的人做好转型。"

讲完了领导力转型的问题，崔世波给了蔡总一个建议，就是在目前集团还没有系统的培养规划的情况下，需要先迅速做个区域经理群体的人才培养咨询项目，借助外脑的力量，把一线经理的培养标准、培养方法和培养内容全部弄清楚了。这样未来就可以照着这个方法来进行培养了。下半年在提拔新的一线经理前还需要在这个人才培养的咨询项目基础上进一步明确一线经理的选拔标准，这样才能保证所培养的是正确的人，让培养的工作更具实效。

蔡总说："那好啊，我接受你的建议，但这个咨询公司的选择和咨询项目的操作就要靠你了，我可是不在行啊。"

崔世波说："没问题，我请姚经理来组织完成这个项目，他对这些管理咨询公司很熟，你就在各环节参与和决策就可以了。"

蔡总忙说："好啊，好啊，这事不解决，我这一年的觉都睡不安稳啊。"

第二节 聪明人的笨功夫：外包大脑

培训经理姚兵的动作很快，没两周时间就找到了三家咨询公司并请他们提交了项目建议书。在听了这三家咨询公司的报告后，崔世波和蔡总最终确定了一家叫 TB 的本土咨询公司来做这个项目。这家公司的项目咨询总监有丰富的 HR 咨询经验，熟悉化妆品行业，也有灵活性，他带领的项目团队成员有不少人才培养的咨询项目经验。

其中最重要的是，他们对慕澜遇到的问题理解得很深刻，在项目建议书中给出了清晰的解决思路（见图 3-2）：

图 3-2　区域经理学习地图项目规划

崔世波把综合情况全面汇报给了董事长并得到认可后，迅速邀请各方代表成立了项目小组，召开了项目启动会。

项目启动会

项目启动会上，TB 顾问公司的咨询总监沙顾问首先讲出了他对项目的理解："我们认为区域经理这一岗位属于承接慕澜组织战略的重要岗位，比较重要，而且这一岗位人数多，对未来慕澜在国内的区域市场的发展起着举足轻重的作用。同时，在前期项目需求了解阶段的访谈中，我们也听到慕澜的高层对现在这批在岗人员的能力现状并不太满意，但又期望他们能在很短的时间内实现业绩目标。所以我们需要为这些区域经理找到有针对性和多样性的学习'营养套餐'，帮助他们用最快的速度提升能力，产生绩效。"

"整个项目需要解决的三个核心问题是'培养标准是什么''培养方法和内容是什么''如何保障落实和执行'。"

"其中解决这三个问题的主要工具是'能力模型'+'学习地图'+'回炉机制'的方式。"

崔世波看到了蔡总对"学习地图"还不太明白,就请沙顾问又给详细介绍了一下什么是学习地图。

工具小博士 13：学习地图

> 学习地图是指以职业技能发展为主轴而设计的一系列学习活动,是员工在企业内学习路径的直接体现。
>
> 在这些学习活动中,围绕特定的培养方式而设定,其中,既包括传统的课堂培训,又包括如体验式培训、岗位实践、接受教练和辅导、参观访问、专题研讨、分享及担任内部讲师等其他诸多新颖的学习方式。
>
> 针对这些培养方式设计的培养学习活动,结合明确职业发展阶段下的具体培养目标,为员工的学习成长提供清晰的指向和具体的参考指导。

"怎么构建学习地图呢？我们计划将这次的学习地图构建分为构建能力标准—绘制成长路径—确定学习内容—对应培养方式—形成培养规划—引入回炉机制六步来完成。而且我们这次做的学习地图是针对单一岗位的,所以还会对这一岗位的成长阶段进行细分,同时也会把一些销售经理必备的知识技能等都列进来。这样可以确保销售经理学习内容的完整性。"

蔡总听了沙顾问讲的学习地图的构建步骤，心里也就有了底。他随后向内部项目组的成员强调了这一项目的重要性和紧迫性，希望几位区域销售总监都能安排出时间参与这个项目，并且保证能按照项目计划执行。

在随后的一个月里，项目组按照既定计划密切配合，组织了大量事件访谈、研讨会和问卷调研，共同理清了区域经理的能力标准。同时，为了保证未来学习地图中的课程内容的完整性，顾问们还把区域销售经理的岗位知识和技能都做了梳理。

一阶项目汇报

按照项目组的既定计划，在完成了能力模型和学习内容对应后，项目组给蔡总和崔世波等成员作了中期汇报。

咨询总监沙顾问首先给大家回顾了项目第一阶段的工作，展示了区域销售经理的能力模型（见图3-3）。

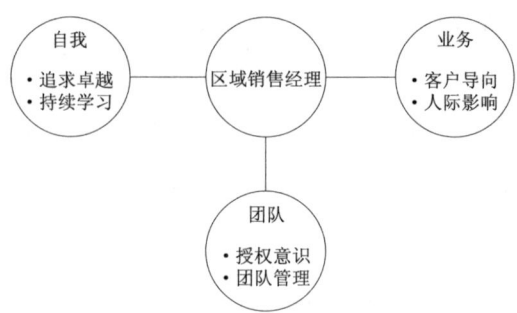

图3-3　区域销售经理能力模型

针对每项具体能力都有相应的行为描述，主要涵盖了区域经理的"自我""业务"和"团队"三个驱动绩效的关键应用领域内。另外，为了保证学习地图的完整性，他们也在访谈和调研中对区域经理的核心知识技能作了梳理（见表3-1、表3-2）。

表3-1　持续学习能力指标行为描述

能力指标	行为描述
持续学习	• 对新知识或未知领域有强烈的学习欲望并尝试通过不同渠道发掘相关信息 • 在一定目标引导下具有强烈的学习愿望，为达到一定目标而愿意采取各种方法进修学习 • 能自觉独立对所学知识或所接受的信息做出易于消化、理解且有规律性的总结 • 能够总结归纳出适合自己的各种学习方法/方式，高效有序地吸收新知识，更可以对他人同类的学习做出指引

表3-2　区域销售经理的核心知识技能

知识	公司销售管理流程、财务管理知识、销售费用管理制度、奖励体系与奖金发放、公司竞争策略和营销体系、店铺管理工作流程、市场趋势与竞争者分析、区域消费者特点……
技能	公司管理平台操作（OA系统、客户管理系统）、SPIN销售技能、大客户拜访、会议管理、演示技巧、投诉处理、危机处理……

蔡总听了沙顾问的介绍，马上提出了疑问："有这么多能力需要培养，还有这么多的知识技能需要学习，那应该有个先后顺序吧，否则一下子怎么能学得完呢？"

沙顾问马上赞同了蔡总："是的，您讲得很对，为了确保能对区域经理进行有序培养并让他们及时获得这些能力、知识和技能的元素，我们还特别根据区域经理的成长历程作了分析，把这些能力加强的顺序作了先后区分。"接下来，沙顾问把咨询团队精心画出的能力成长路径PPT在投影幕上显示了出来（见图3-4）：

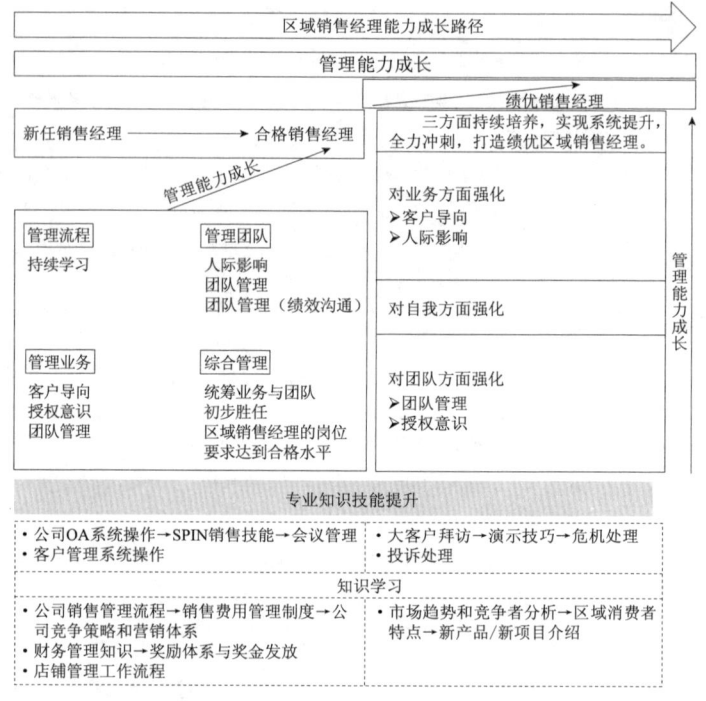

图3-4　区域销售经理能力成长路径

沙顾问介绍说："我们通过与几位绩优区域销售经理的面谈，了解到他们从新任期到逐渐产生高绩效的2～3年的能力发展规律，也全面了解到了他们从新任期到绩优期所需要逐步掌握的所有核心知识和技能。总体上，我们把这一岗位的成长划分为两个阶段。

"第一阶段是新任期。指区域销售经理在上岗后的前六个月时间。他们在这一阶段主要面临两方面的困难。他们一方面，需要迅速掌握公司内各种管理制度、政策、财务和人力资源的基本管理制度等基本工作流程和工具使用方法；另一方面，又需要迅速与团队成员建立信任，构成新的团队关系。所以，这一阶段最优先调用的是持续学习能力和人际影响能力。在突破了第一阶段的个人适应期后，新经理就要快步进入团队融合期，充分应用其在团队管理上的综合技能，培养和激励下属，协同团队作战。同时，在慕澜的区域经理岗位上，还比较强调授权意识，这样才能充分激发一线员工的主人翁意识，调动积极性。

"第二阶段是绩优期。指区域销售经理在能基本胜任本岗位工作到实现更优绩效的一个过程。这个过程可能需要1~3年的时间。如果能顺利走过这一阶段，区域销售经理可以带更多的销售人员去实现更有挑战性的目标。在这一阶段中，区域销售经理需要全面调用'自我''业务''团队'这三个领域的六项核心能力，通过'自我'成长带动'业务'和'团队'的共同成长。在这一阶段中，只有不断追求卓越，持续学习，才能更全面、更系统地思考区域市场布局和区域客户需求趋势。同时，在业务领域里，区域销售经理还需要具备更扎实的业务谈判和危机处理等业务技能。在团队管理方面，区域销售经理需要更娴熟地应用团队管理能力，授权以激励员工，使员工产生更大的战斗力。"

蔡总看到了这张图，听了详细阐释后，点点头说："嗯，是比较符合我们这一岗位的成长特点。我看到我们的很多总监过往都是这样成长起来的。"

沙顾问说："您说得对，我们做完了这张图，又找了好几位销售总监进行了访谈验证，他们都是比较认可这一成长路径的。另外，根据这一成长路径，我们还和慕澜的培训部姚兵经理一起把所有学习内容分先后顺序贯穿到了这两个阶段的学习过程中。"

接下来，沙顾问又展示了能力模型所对应的培训课程清单（见表3-3）。

表3-3 区域销售经理培训课程

能力指标	对应课程	
追求卓越	慕澜精神	高效能人士的七个习惯
持续学习	个人学习与业务成长	——
客户导向	客户服务ABC、服务的关键时刻	高效服务管理、如何应对不满的客户、项目管理
人际影响	非权威的影响力	——
授权意识	授权与监控	激励的艺术
团队管理	非人力资源的人力资源管理	教练式辅导、高效团队管理

看到了课程表，蔡总提出了问题："你提到的培训内容很好，但我对培训形式还是有质疑的。我们的区域销售经理平常业务很忙，我们平常都不敢把他们随时叫回来开会。他们怎么可能在短期内这么频密地来总部参加培训呢？还有我们现在的区域销售经理分布很不均衡，基本是每个大城市一个人，而且区域销售经理队伍的人数是陆续增加的，每个季度增加2~3个，所以比较难把处于同一成长阶段的人凑到一起开课。这怎么解决呢？"

崔世波听了，心里也是"咯噔"一下：看来还是对业务人员的了解不够啊，当时应该找人给咨询顾问介绍清楚我们的业务人员的工作特点，否则，再好的项目成果也落不了地。

沙顾问微微一笑，从容地应对了这个问题："您又提到了点子上，以上是我们项目规划中前三步的内容'构建能力标准—绘制成长路径—确定学习内容'。其实在下一阶段的项目中，我们将针对能力培养的有效性进行探讨，同时也会分析使用哪些培养方式更适合我们慕澜的现状。请蔡总放心，人才培养不仅仅是靠培训的，我们会根据您提到的现实情况来多元化地匹配最佳的培养方式。"

蔡总马上跟项目组里的几位销售总监说："到时，你们需要多给些意见，因为未来区域销售经理的培养也有你们的责任啊，现在规划好了，未来才好落地。"

崔世波也在旁边把蔡总的意见记录了下来……

第三节 不能再把没有经过训练的员工推向战场

知行合一

一阶汇报完第二天,沙顾问即邀请崔世波、姚兵、几位区域销售总监和几位绩优的区域销售经理代表一起参加了区域销售经理有效培养方式研讨会。

一开场,沙顾问即向大家明确了会议的目的是要结合能力成长路径和学习内容的分析成果,为区域销售经理能力模型中的每个能力找到对应的最佳培养方式。例如,在访谈中已经了解到"客户导向"这一个能力在新任期的重要任务目标是能聆听和理解客户需求,提供标准服务,不断收集客户反馈;在绩优期的重要任务目标是可以处理客户投诉,并能使用公司的客户管理系统有效管理关键客户。同样是客户导向能力,在不同的阶段会面临不同的问题,对区域销售经理的能力要求标准不同,所针对的培养方法也肯定会有差异。所以参考这些工作任务,我们需要为其在新任期和绩优期选择相对应的培养方式。

为了提升大家对能力培养的理解,沙顾问特别给大家讲解了知行合一原则(见图3-5)。

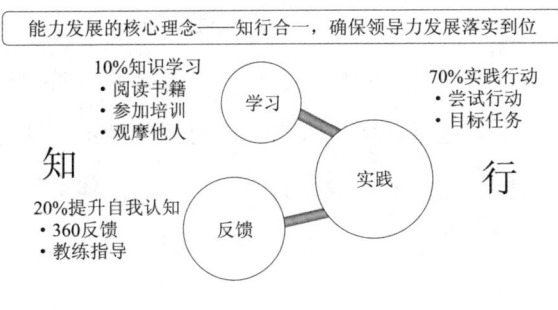

图 3-5　知行合一原则

工具小博士 14：知行合一原则

对于能力发展的理解概括为"知行合一"原则，即能力发展有 10% 取决于知识的学习，例如阅读书籍、参加培训或观摩他人等，70% 在于实践行动，例如尝试部分行动，或是完成一个比较有挑战性的目标任务。此外，能力发展还需要在获取的过程中通过 360 反馈、教练辅导等方式不断提升自我认知，这样才可以知道自己能力发展的进度和水平。总之，需要此三方面的不断练习，一项能力才可以逐渐完善和稳定。也可以将"知识学习""提升自我认知"和"实践行动"概括为能力发展的知行合一原则。

"所以每种能力的获得都不是仅仅靠接受培训，而需要多种方式的组合来实现。根据我们对慕澜和常用培养方法的了解，我们为大家整理了这样的一张图（见图 3-6），其中有些培养方法是适合由区域自行组织的，有一些则适合调用总部的资源来统一培养，这样也方便大家选择具有可操作性的培养方式。大家可以借助这张图来开放地探讨一下，我们的能力模型中的每个能力在新任和绩优两个阶段到底适合哪种培养方式。"

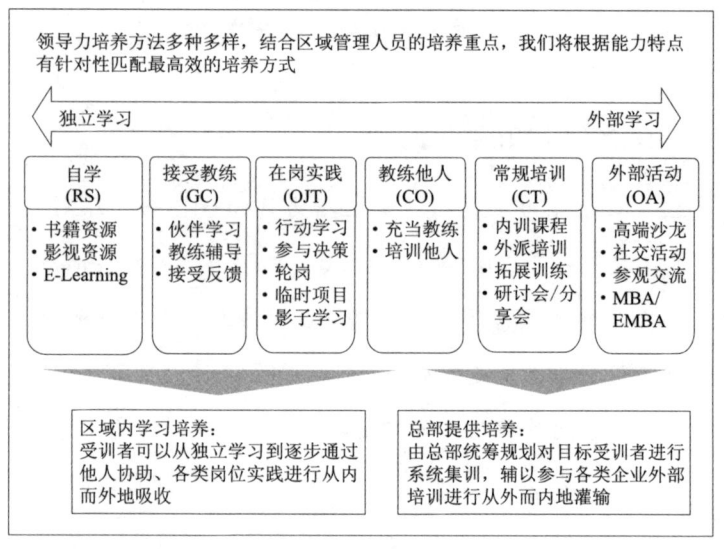

图 3-6 培养方式细分图

知识小分享：培养方式细分

一、自学（Reading & Self-learning）

阅读书籍：阅读各种推荐经典书籍的学习方式。

影视资源：通过观看与课题相关的视频（商业案例、标杆企业成功历程等）而进行启发的一种培养方式。

E-learning：基于网络和电脑平台的线上学习、阅读、视频与培训课程。

二、接受教练（Get Coaching）

伙伴学习：借助与身边平级的绩优同事实时/网络互动分享促成自我学习与进步的学习方式。参与伙伴学习的同事强调伙伴之间需要有共同的学习经历或工作环境；社交网络的伙伴需要从事共同专业或行业，能够分享工作中的经验。

教练辅导：由指定资深绩优员工对受训者进行业务、思想方法、学习方法、工作习惯等全方位辅导，启发与帮助受训者改善个人专业绩效。

接受反馈：接受360测评反馈或接受个性或行为风格方面的测评反馈，并根据测评报告制订个人的能力发展计划的过程。

三、外部活动（Outside Activity）

高端沙龙：是一种短期学习经历。这些经历包括企业内部和企业外部的一些事情。短期经历相对简短，是提供机会来听取和观察某种技能，而不是掌握。

社交活动：为了与客户高层搭建良好关系进行的各类聚会和高端兴趣活动。

交流参观：通过到合作伙伴、客户企业、机构等单位进行参观考察的方式开拓受训者思考和工作方式方法的一种学习方式。

MBA/EMBA：由公司推荐，利用业余时间集中上课，课程内容广泛，理论与实践相结合，其实质是一种具有学位的在职培训。

四、在岗实践（On-Job Training）

行动学习：是企业将管理行为与企业自身实际情况合二为一的培养方法，它把岗位所需要的能力通过分拆工作任务/团队任务进行实操。包括个人在岗的工作任务式行动学习以及团体式任务行动学习。

参与决策/临时项目：指委派参与企业内部或外部一些有关决策的会议、临时组建的项目或委员会，参与这样的会议、项目或委员会可以增进对企业以及客户的了解，也能有效地扩展个人交际网络。

影子学习：被培养者直接与他/她要接替的人一起工作（在一定时间内），被接替者担任培训者辅导的角色。直接通过观察、实操学习目标岗位的职责。

五、教练他人（Train or Coach Others）

充当教练：当受训者在岗位任职具备一定经验和资历，能对某项能力熟练运用并是团队内的楷模时，可在学习过程中以传授他人知识的角色培养他人，同时实现自我提升，巩固优势。

培训他人：担任企业内部讲师，为其他员工进行相关能力方面的授课。在准备和讲授课程的过程中，也可以加深自己对能力的理解。

六、常规培训（Classroom Training）

内训课程：是针对企业内部员工展开的培训项目。可以是外请老师来讲课，也可以是内部培训师讲课；可以在企业内部会议室举行，也可以到外面会议场所举行。内训的最大特点是根据企业的培训需求，为企业量身定做。

外派培训：通过内部推选与审批，企业支付培训经费，指定人选到外部机构进行各类培训。

拓展训练：以体能活动为引导，引发出认知活动、情感活动、意志活动和交往活动，有明确的操作过程，要求学员全情投入。拓展训练的项目都具有一定的难度，表现在心理素质的考验上，需要学员向自己的能力极限挑战，跨越"心理极限"，最终达到团队协作、超越自我等目标的培养方式。

研讨会/分享会：通过一对多或者无领导小组形式对特定的主题进行集中的探讨、分析和深入研究，达到深度交流与统一共识的目的的一种培训方式。

有位总监看到了这张图，深有感触地说："噢，我原来觉得员工提高能力就是要上培训或者出去听 MBA 的课，现在看来其实培养方法是多元的，有很大的选择空间。"

姚兵也跟着发言了，他认为客户导向这个能力在绩优期可以通过 E-learning 的方式来学习网上课程，例如"客户服务 ABC"。他顺便还向大家推销了他掌管的 E-learning 系统。

听完姚兵对 E-learning 的介绍，崔世波补充说："尤其是对类似于企业文化、入职培训、IT 技能培训等基础类型的培训，做成标准的线上培训系统能够最大化缩短周期、节约培训成本。所以我们可以考虑将部分课程内容放进 E-learning，这样更方便一线的区域销售经理随时随地学习。"

讨论完了"客户导向",崔世波看着"团队管理"这个能力指标特别阐述了自己的观点:"我还比较关注的一点是'接受教练'的培养方式,它对'团队管理'能力的培养是非常有帮助的。也是我们除了要强调销售经理自己学习的责任外,组织上也应该为这一重点培养人群配备导师,让他们可以随时接受反馈和辅导,这样提升得才快。

"为了能保障'接受教练'的培养方式容易实现,我们还需要建立导师制。以前我在 BJ 公司时推行的导师制就起到了很好的效果,我建议慕澜未来也要把导师制建起来!"

工具小博士 15:导师制

导师制是指企业中富有经验的、有良好管理技能的资深管理者或技术专家,与新员工或经验不足但有发展潜力的员工建立的支持性关系。

其中导师应为企业中富有经验的资深员工,他有培养和指导别人的责任和义务。导师在日常的工作中对指导者进行在职知识指导和提出职业发展规划建议。

导师制实施的益处

1. 有利于领导力建设:通过对导师的培养,提升其领导力，作为公司后备干部的重要来源和参考，有利于领导力建设和发展。

2. 有利于企业文化建设：通过导师辅导，能更好地了解并理解公司的企业文化，促进员工认同并融入公司的企业文化。

3. 有利于员工胜任工作：通过导师对企业文化的宣导和技能的辅导，对个人的关怀和职业生涯的设计，有利于提升员工的工作热情，更能胜任工作。

4. 有利于知识资产转化：分享交流可以将导师所拥有的隐性知识经验转化为显性知识经验，并在新员工或者经验不足员工中进行传递，帮公司带来更多无形资产。

（资料来源于《经理日报》、多媒体报刊网、致信网）

讨论会继续进行，当大家讨论到"持续学习"这个能力时，有个销售总监提出了疑问："这个能力好像很难培养吧？难道还要再去教他如何听课、如何读书、如何做笔记吗？"

沙顾问马上补充说："是的，持续学习这个能力不容易培养，很难在短时间内提高。但我们还是应该想办法找到一些学习任务和工作任务，通过在岗实践的方式来带动学员思考和实践，这样也会无形中带动一线销售经理学习能力的提升。所以我们也特别推荐慕澜能给区域销售经理安排一些行动学习的活动。

针对这个行动学习的问题，我们还特别给大家准备了一个案例介绍。"

工具小博士16：行动学习

行动学习（Action Learning）主要是指在一个专门以学习为目标的环境中，以组织面临的重要问题为载体，学习者通过对实际工作中的问题、任务、项目等进行处理，从而达到开发人力资源和发展组织的目的。行动学习提出者雷文斯认为：L=P+Q，即学习（L）是通过把掌握相关专业知识（P）与提出深刻问题的能力（Q）相结合来完成的。行动学习不仅有利于促成组织问题解决，同时也能在很大程度上帮助参与行动学习的参与者拓宽视野、增长知识，掌握新的能力。

（资料来源于道客巴巴网）

案例：华润化工——行动学习"做中学"，突出实践促提升

华润化工通过跨职能的行动学习小组来培养中高管的战略思考与规划能力。

一、行动学习主题设定

化工品的分销业务是华润化工的传统业务，资产整合后，需要新进入聚酯瓶片的行业。但是对于传统的高层管理人员来说，陌生的业务对于他们来说无疑

是巨大的挑战。因此,"提炼和制订聚酯瓶片行业的发展重点"成为其最佳的行动学习选题。

二、行动学习小组形成

华润化工在集团管理层、技术高管和相关中层管理人员中选定有潜力的优秀管理人员作为行动学习小组成员,并组成跨职能行动学习小组。

三、行动学习主要内容(见图3-7)

任务主要有展开行业的分析、实地的考察调研、小组头脑风暴,学习战略分析和制订的方法、工具。

导师辅导+互动合作模式为每个行动学习选择一位聚酯瓶片行业专家和企业内部的核心高管作为导师,必要节点给予辅导,同时,日常工作中加强跨部门小组紧密合作。

最终将小组学习成果整理成正式汇报材料,提交公司高层充分探讨。

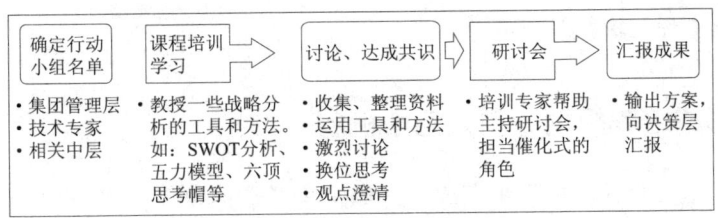

图3-7 华润化工高管行动学习主要流程及内容

四、行动学习成果

明确了华润化工的战略目标——成为中国高分子新材料领域中具有自主创新能力的领军企业,以及实施路径和行动计划。

提升了高管整体专业知识及能力素质——通过该行动学习项目了解了聚酯瓶片的行业发展趋势和竞争状况，同时也培养和提升了战略思考及规划能力。

华润推广行动学习已经进入第五个年头。四年里，行动学习从解决企业难题入手，以业绩为导向（盯住实际成果），已逐渐成为企业组织发展的重要推动力量。

（资料来源于《人才供应链管理模式》）

崔世波说："好啊，这个案例介绍算是给我们提供的增值服务啦。我们可以针对这套流程设计一个适合区域销售经理的行动学习项目。"

在大家的共同探讨下，项目组对各种能力在不同阶段所应采用的培养方式都有了更清晰的判断，分阶段一一对应后，顾问组也就更明白如何将这些培养内容和培养方式组合成方便慕澜执行的培养规划了。

形成培养规划，引入回炉机制

几天后，顾问组完成了区域销售经理的整体培养规划，项目成果中有区域销售经理的在岗培养计划，还有对新任期和绩优期的区域销售经理前90天设计的加速培养计划（见图3-8）：

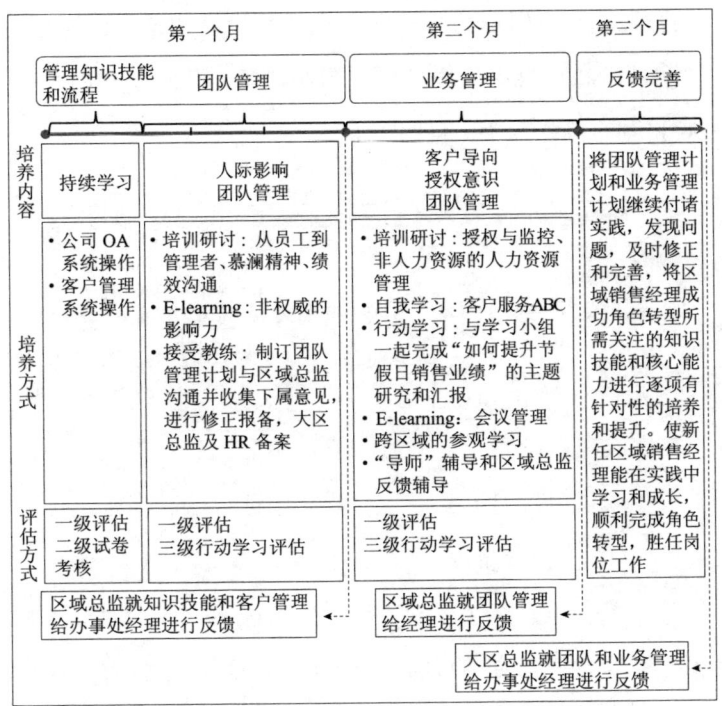

图3-8 新任区域销售经理90天培养计划示例

崔世波与蔡总审核了所有项目成果文件后觉得很满意,他们请来了周董参加了最后的项目结项会议。

结项报告开始比较顺利,依着项目规划的顺序将项目成果一一做了汇报,等提到新任90天培养计划和绩优期90天加速培养计划的内容时,周董突然打断了报告,问沙顾问:"咱们的这套培养方案还是很全面的,但我不得不问这两个阶段的训练投入那么大,你通过什么方式来保证他们真正学会呢?或者说我们投入了时间和钱,怎么能够确保他们应用和创造业绩呢?"

沙顾问说:"周董的顾虑我们在项目设计初期已经考虑过,我们在最后和项目组的成员们一起探讨后,共同整理出了一套'回炉机制'操作办法(见图3-9)。"

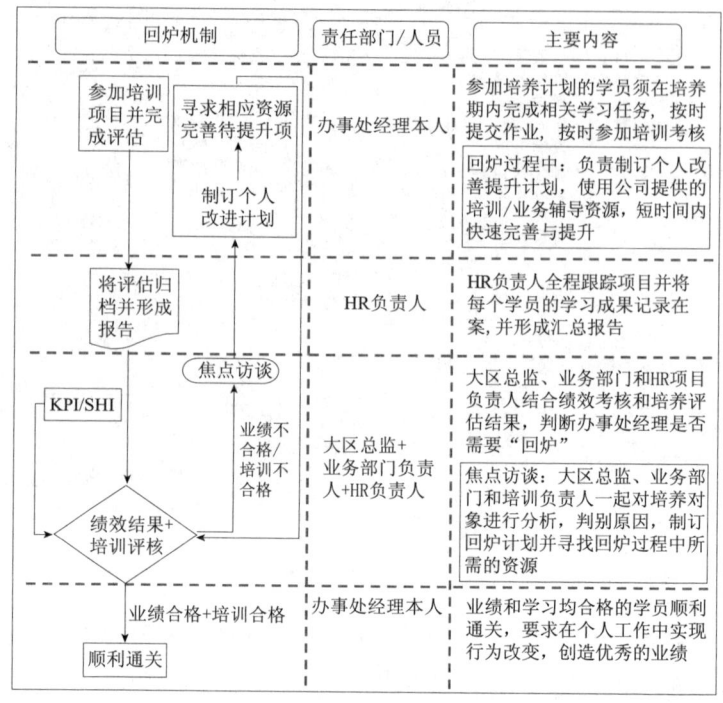

图 3-9 回炉机制样例

工具小博士 17:回炉机制

回炉机制主要是为了保证学员能全力投入学习过程,认真实践学习内容,并能确保个人胜任岗位工作而设立的监控管理机制。该机制除了要记录学员的学习过程和学习成绩之外，还要结合学员的在岗实践成果进行反馈总结。在学习期结束的节点上，由人力资源部组织负责相应项目的培训主管、绩效主管和学员的上级领导共同审核学员的学习实践成果，并诊断出现绩效不良的原因。如果出现绩效不良的状况，会要求学员"回炉"学习，制订个人改善计划，重新完成专项能力学习项目，如果是由"非学习因素"导致的绩效不良，则需要由绩效主管和一线经理共同协商绩效辅导计划，帮助其在规定的改善期内完成改善任务。

周董听到考核的内容，很明确地表态："是的，应该严格考核！严格把关！"

项目汇报结束，周董对整体方案给予了肯定："这个方案是与慕澜的现实情况相结合的，有针对性和可操作性。世波将来一定要负责监督项目成果执行到位，我们未来不能再把没有经过训练的士兵推向战场了，否则既害了员工，又害了公司。"

说完，周董还特意问沙顾问："通过这一项目，你们对慕澜应该也很了解了吧，我想听一下，针对我们集团的人才发展现状，你们有什么别的建议？"

沙顾问合上了电脑，走到会议室的白板前，给大家分析了慕澜的人才培养整体现状，并勾画出未来体系构建的整体框架和步骤："我们目前有必要紧接着完成的工作是销售管理职位群体的梯队培养体系构建。如果能将从初级销售人员到销售总监的学习地图全部打通，并在每个阶段提前做好梯队的储备培养工作，就能确保我们的销售管理人才持续高质量地产出。同时，这次项目的紧急出现也暴露了我们慕澜集团在管理人才的梯队培养上还是缺乏总体规划的。如果有了系统的管理人才梯队培养方案，这种'火线提拔'情况就会容易应付一些。"

周董听了沙顾问的分析后，跟崔世波说："是啊，看来我们还有很长的路要走啊，人才梯队培养系统的搭建不是一朝一夕的事，世波可以借鉴这次项目的实践经验，逐渐把各层级的梯队培养计划都做起来。"

第四节　高手的护城河：人才梯队建设

做正确的事

项目汇报会上，顾问的建议和周董的嘱托都让崔世波对梯队培养的事情有了更多的关注和思考。项目结束后第二周，崔世波找到姚兵，开始讨论梯队培养计划的事情。

"我知道你一直在筹划人才培养的事情，还记得我当初找你和董乐一起开会时说的重点吗？"崔世波问道。

姚兵看着他，点点头，回答道："记得，当时我们关注的重点在于研发序列的梯队培养，现在来看，我觉得公司管理人员的培养需要有一个大动作了，但是具体的思路我还没有。"

"是的,把白板拿过来,这个问题我们一起研究一下!"

姚兵把白板拿了进来,放在了办公室正中央,崔世波依旧拿起那支红笔,开始写写画画。他明白,管理人员梯队培养计划对于公司战略的重要性,但是整个计划从策划到实施的过程质量保证核心在于姚兵,要让他深刻地理解,这个计划一定要出自他的思考。

"知道我们做这个计划的目的吗?"崔世波边写边问。

"提升管理人员整体能力,保证有持续的人才输送。"姚兵回答道。

"是的,要知道战略目标的实施来源于人才保障及文化支撑,我们的管理人员梯队培养计划就是要做好管理人才的保障。人才是企业做大、做强、做久的强大动力。你这个培训经理,身负重担啊!'邮件门'给我们提了一个醒,我们需要打造一套完善的管理人员梯队培养计划,通过梯队培养有效储备未来的管理人员(见图3-10)。"

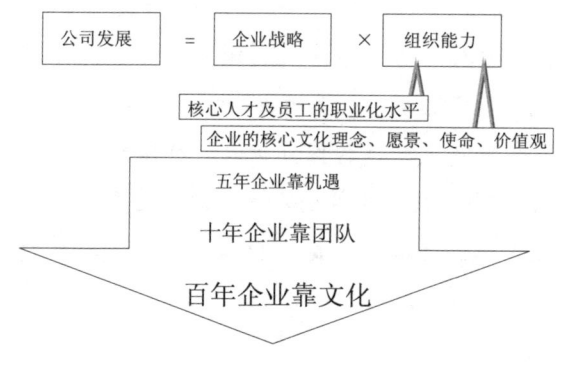

图3-10 公司发展核心模式分析图

姚兵认真地思考着这个问题，虽然他很认同这个观点，但是对于如何搭建起这个系统的培养体系，还是没什么头绪。

"你花点时间去找一些标杆案例看看吧，这个阶段对于标杆的借鉴很重要，我也会思考一下我们的思路。"崔世波说完，回到座椅上，拿起桌子上的一叠资料给了姚兵。

在接下来的两周里，姚兵带着崔世波的嘱托出发了，他通过搜寻深入了解了不少本土企业在管理人员梯队培养上的经验。这其中，最典型的是TCL的管理人员梯队培养方案。

案例：TCL管理梯队培养方案

在2004年两次大的国际化并购完成后，TCL通讯全年亏损高达2.24亿元，手机销量大幅下滑。在遇到这样的失败后，TCL重新反思自身与世界一流公司的根本差距所在，那就是"人"的差距，特别是管理团队的差距。

一、挑战

过往在领导力上缺乏有预测力的提前培养导致了TCL国际化进程中的巨大阻碍。

如何在危机时进行国际化人才梯队的建设，并留住TCL未来发展所需要的人才，同时还要让留下来的人才发挥其最大作用，成为TCL管理人才培养的巨大挑战。

二、解决思路

TCL从国际化并购失败中进行了反思,认清人才差距是自身与世界一流公司的根本差距。TCL针对高中基层管理人员具体情况,制定"鹰"系列人才梯队建设工程,系统性提升各层级人才能力,满足业务发展新要求,对不同级别的"鹰"设计了专门的全方位立体化的培养计划,分阶段进行,从中层切入,带动两头。

整体培养方案的优势在于重视管理人才梯队建设的"选、育、管、留"四个方面,不偏颇其一。

三、识别不同层级的培养重点

面向高层管理者,着重培养集团和企业高管的国际化经营能力、战略思维能力、管理产业业务群能力和带队伍能力。

面向"品正、绩优、高潜质"的中层管理者,着重培养"精鹰"的企业经营能力、管理决策能力和领导力。

面向刚刚升任的基层经理人员,培养其管理能力、沟通技巧和团队合作能力。

面向新入职大学生进行职业化培训,着重进行企业文化和工作技能培养,提高他们融入企业和社会的能力。

四、效果

根据统计数据,TCL公司通过"精鹰培养"的中层管理人员36%都得到了提升,并且在公司内部形成了良好的导师培养制。通过这一系列的培育方式,TCL

成功克服了国际化扩张中的人才问题,顺利地实现了"企业的重生",2010年实现营业收入518.7亿元。

(资料来源于《鹰的重生》)

姚兵认为,TCL的计划对于慕澜来说具有很高的借鉴性,但是计划具体应该是什么样子的呢?看着TCL的管理梯队培养计划,他陷入了沉思:首先应该是和TCL一样有四个层级,分别对应高层管理者、中层管理者、基层管理人员以及新入职的大学生。不停翻阅着TCL管理梯队建设的材料,姚兵继续苦思:那么这个计划应该要取一个什么名字呢?鹰计划?不好,不适合我们公司的文化和性质。到底用什么名字好呢?我们是做美容产品的,兰系列?也不好,没有层级关系。姚兵一边想一边摇了摇头。

突然,姚兵看到了自己台历上公司产品的介绍,"木兰系列采用中药的'君臣佐使'多元用药原理使每味草药各司其职,相生相辅,使肌肤达到平衡丽质的完美状态……"

"对,'君臣佐使'",姚兵顿时觉得眼前一亮,"我怎么没想到这个呢?也许这就可以作为我们梯队建设计划的名称。"于是姚兵立即上网搜索了有关"君臣佐使"的介绍。

"君臣佐使"原指君主、臣僚、僚佐、使者四种人分别起着不同的作用,后指中药处方中的各味药的不同作用。"君"指方剂中针对主证起主要治疗作用的药物。"臣"指辅助"君药"治疗主证或主要治疗兼证的药物。"佐"指配合"君臣药"治疗兼证或抑制"君臣药"的毒性或起辅佐作用的药物。"使"指引导诸药直达病变部位或调和诸药的药物。

"就是这个了，正好契合四个不同层级，同时又体现我们公司的文化和定位，哈哈，太好了，就是它了，我们梯队建设计划的名称就叫'君臣佐使'计划了！"姚兵开心得手舞足蹈起来。

接下来的两周里，姚兵的主要工作就是搭建整个梯队培养体系，按照四个层级的构想，明确了培训对象、培训重点、培训相关课程内容。他一下子扎到了细节里，除了明确了"君臣佐使"的思路外，其他的都还是没有头绪。

姚兵直接来找崔世波，对于明确梯队建设的关键点和整体思路方面，需要他的指导。而崔世波早已经将自己的经验和对整个梯队建设的思考整理成文，他知道姚兵在这方面还处于混沌状态，所以第一步还是要帮助他踏出去。崔世波顺手拿起桌上的资料，递给了姚兵，说道："你拿去看看吧，思考一下，下周把整体策略给我。"

姚兵如获至宝似的花了整整两天两夜的时间去阅读和消化这些资料，做出了梯队建设的整体策略报告，当他将这份报告交到崔世波手中的时候，已经是第二周的周四了，虽然有些晚，但这已经不重要了，因为他看到了崔世波嘴角掩饰不住的笑。

"做得不错，你的进步很快，管理人员的梯队培养完了之后，你有什么打算？"崔世波抬头看着姚兵，突然严肃地问道。

姚兵本来的开心霎时全无,脑中一片空白,愣愣地说道:"我暂时还没有计划,打算等这个落地实施之后再去筹划下一步,不过我觉得那应该是明年底或再晚一点的事情了。"

"要深入理解业务并走在业务的前面,这是我上次开会跟你和董乐分享的。回去再想想,下次给我的应该是个全面考虑之后的计划了。不过这个不急,但是你一定要有这个思考。你回去先考虑管理人员梯队培养体系如何搭建,要做得符合我们公司特点,要有针对性。"

姚兵回到办公室,他总觉得做这个项目,崔世波对自己要求过于严苛了,但是回头想想,自己也是有很大的收获的。他理了理头绪,对于未来的思考其实已经有了一些散的点了。抬头看看日历,画着红圈圈的地方就是向周董汇报的日子,整整两周,大堆的资料在手边,他没有再多想,立刻投入到规划中。

两周之后,姚兵对于人才梯队建设有了一个全面的思考,同时,梯队培养计划也有了初步内容,梯队培养的整体策略已经形成,虽然说仍然是个雏形,但已经抓到了问题的要点(见图3-11)。

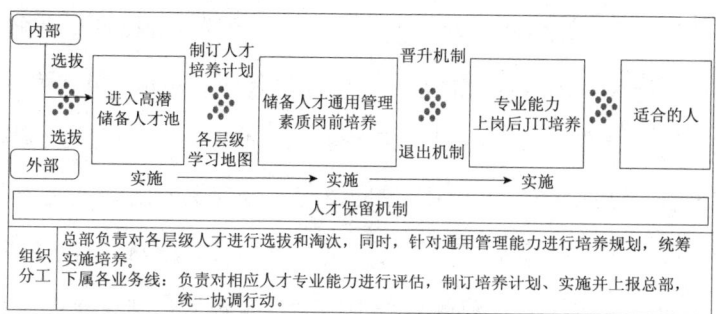

- 构建人才梯队的本质：有层次、有步骤地进行前瞻性储备，培养真正符合企业及岗位要求的管理人才
- 构建人才梯队的投入产出最大化策略：岗前培养通用管理能力；上岗后JIT培养专业能力
- 构建人才梯队的要点：
  关键要素：人才储备池构建；人才储备培养；上岗三个月内持续培养；全过程的选拔退出机制构建
  保障要素：通过年度敬业度调研与对比分析，识别和更新人才保留的关键因素，针对有效制定保留策略，留住培养出的核心人才

图 3-11 梯队培养整体策略

姚兵认为，人才梯队本质上要做的就是对各层级各类人才进行前瞻性储备，以便于在岗位出现空缺时，能够及时递补，快速适应，顺利开展工作。在前瞻性储备的过程中，需要从两个方面来考虑：第一，是关键部件"要素"问题，组成储备人才池，对储备人才通用技能进行提前培养，新上岗后的三个月要及时补给岗位的专业技能，为了更好地管理，还需要配套的就是全过程的选拔退出机制；第二，是保证因素，培养出好的储备人才，还要能留得住人才，这样大量的培养投入才不会"打水漂"，为别人做嫁衣。而这个部分，姚兵个人认为，敬业度是关键，所以还需要通过每年的敬业度调研对比分析，来识别和更新人才保留的关键因素，有针对性地制定保留策略，确保培养出的

人才能够最大化留用，发挥作用，提高人才培养的投入产出比。

从选拔到成为合适的人，这个过程有三个关键环节。第一，在内外部选拔之后，要建立高潜储备人才池，为人员持续输送作准备。第二，对于储备人才的培养，分为上岗前和上岗后两个阶段，这需要为不同层级的储备人员制订有针对性的培养计划，而每个阶段的培养侧重点不同，目的在于实现投入产出最大化，例如通用管理素质部分建议在上岗前进行统一培养，这个阶段的培养目的在于使储备人才能够提前接触并学习管理人员必备的能力素质，保证上岗后的顺利过渡。上岗后的培训重点在于各岗位所需的特性管理能力和专业能力，这个阶段可以结合其自身的工作实际来进行，会取得更明显的效果，以保证人员在三个月内能够胜任。第三，从前端选拔到后端上岗，全过程要以完善的选拔退出机制为保障。

在整个过程中，集团和各部门的角色分工有所不同，由集团层面实施各层级的选拔和淘汰，并对通用管理能力的培养进行系统规划和统筹实施；各部门更多侧重于上岗后的能力培养和评估，并上报集团，两者需要协同配合。

而从长远看，真正实现人才梯队完整搭建需要至少三年时间，必须通过一个系统化的规划，有步骤有计划地来实现整个慕澜人才梯队的理想状态。因此，反复思考之后，姚兵拟出了一个人才梯队构建"三步曲"计划，共分三年来进行，每年的重点不同，力保在三年内成功搭建慕澜的人才培养体系。只要高层能够重视，资源能够到位，姚兵对目标的实现非常有信心。
（见图 3-12）

第一年：标准流程，机制构建	第二年：全面培养，准确选拔	第三年：效率第一，系统上线
• 通过研讨会＋标杆实践，快速构建各层级人才选拔标准，构建各层级人才通用管理能力学习地图，作为集团培养的主要目标，针对性设计通用管理能力培养方案 • 构建人才的选拔及退出机制，明确流程、分工及职责，为执行作准备	• 梳理各条线及专业部门的专业能力，构建人才专业方面的培养发展标准 • 集团负责总体规划协调以及储备期通用管理能力的培养；下属业务各条线负责上岗后的专业能力培养，相互配合协调实施 • 搭建公司整体的人才评价中心，提升高潜选拔的精度和有效度	• 提升整体的人才选拔、培养及整体流程机制管理的效率，构建公司人才管理的系统平台（IT化平台）

图 3-12 "三步曲"助力慕澜人才梯队建设

第一年，核心是标准流程和相关配套机制的构建：建立各层级储备人才选拔标准；构建各层级人才通用管理能力学习地图，帮助有针对性地落实岗前的通用管理能力培养；最后，配套相应的人才选拔及退出机制，并明确流程、分工及职责，为落地执行作准备。

第二年，在第一年基础上展开第二年的全面培养，核心在于完善和落实：需要首先将集团负责的通用管理能力培养和各条线负责的上岗后的专业能力补充构建完善，形成全面选拔培养标准，同时，需要通过集团和下属业务线条的分工培养，协同实施，来进行人才的储备选拔与培养。为了进一步提升整体的效率，减少员工的工作量，需要通过全面搭建公司整体的人才评价中心来解决。

第三年，需要根据公司已有的人才管理基础设施，借助系统化的人才管理系统，全面提升慕澜人才选拔、培养的整体效率和效能。

随后姚兵就这个方案与崔世波进行了沟通并得到了认可，这对于他的成长来说也是一个里程碑。在周一的汇报会上，周董对此计划给予了很高的评价，觉得这个计划非常符合企业的实际和当前的需求，而且"君臣佐使"的核心理念也与产品理念一致，接受度应该会很高，只是还需要经过一段时间的完善和补充才能落地实施，周董要求尽快给出全面方案。

校园招聘

崔世波把计划的完善工作交给了姚兵，由他独立负责。而崔世波自己在忙着校园招聘的事情。又是一年招聘时，这可是他来慕澜集团的第一次校园招聘，除了为公司招聘到优秀的人才外，还要着力塑造公司的品牌形象，以往的校园招聘做得太简单了，这次给他的压力不小。

对于整个校园招聘计划，他跟周董也有过一次讨论，崔世波的想法是选择5~10所全国范围内的重点高校，更加聚焦地去进行挑选，而周董更倾向于覆盖到至少20所高校，要求今年一定要通过这个方式提升公司的知名度，太聚焦了没有那么明显的效果。

当天的讨论中,周董对崔世波说道:"世波,你那种方式是不行的,不能只在那几所学校选来选去,选择面一定要广,品牌推广才谈得上够力度,否则招来的人不多,效果也不会好到哪里去。"

崔世波回到办公室,思考着这个问题,他不知道自己应该用什么样的理由去说服周董,因为在周董眼里,扩大招聘范围就等于提升公司影响力。他坐在椅子上,闭上了眼睛,连续的忙碌让他感觉有些疲惫。突然,他睁开了眼,笑一笑,直起身打开了电脑,翻出了他之前分享过的龙湖地产的案例。

> **案例:龙湖地产"仕官生2.0计划"(见图3-13)**

随着龙湖地产多业态+区域聚焦战略的确定,早期的"仕官生计划"已经无法满足战略发展对人才的需求,于是出现了针对有一定工作经验的优秀人才的"仕官生2.0计划"。

区别于1.0计划的"毛坯",此计划招聘的"半成品"具有如下特点:

- 他们已经完成从校园人到企业人的身份转换,了解企业的运作方式,具备基本的工作技能,有一定的心理成熟度,经历过磨炼后更清楚自己职业定位和发展方向。

- 在工作习惯、标准、价值观方面还有一定的可塑性，具有较强的学习适应能力，能较快融入新环境，接受新的挑战。

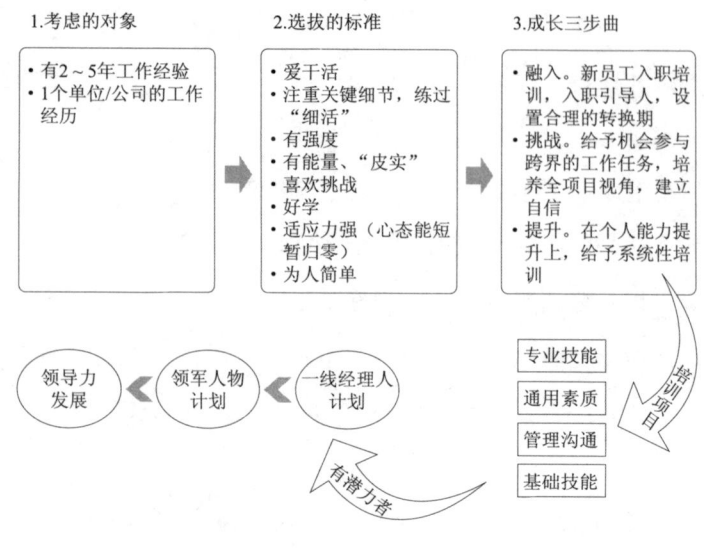

图 3-13　仕官生 2.0 计划

（资料来源于龙湖地产官方网站）

看着龙湖地产的"仕官生 2.0 计划"，崔世波脑子里想的却是"仕官生 1.0 计划"，此计划的目的在于从校园招聘开始，为未来中高层管理或专业技术储备人才，是对他们的管理人员梯队培养计划最好的补充，这也是最适合企业目前发展阶段的计划。解决前端人才的输送问题，就要从这次校园招聘开始，他明确了本次校园招聘的核心目的，梯队培养计划的源头就从这一站开始！

> **案例：龙湖地产"仕官生 1.0 计划"**

　　龙湖地产作为地产行业的后起之秀，迅速从一个地方性的房地产公司发展成为全国性的龙头企业，在这个过程中，龙湖的人才管理对于公司的跨越式发展起了巨大的推动作用。特别是龙湖的"仕官生"计划。2004年至今已经连续八年完成了对"仕官生"的校园招聘。龙湖集团将仕官生定义为具有中高层管理或专业技术培养潜力的人，并通过"仕官生制度"为未来寻找和培养优秀的中高层管理人才。作为龙湖的未来管理者，龙湖对仕官生选拔和培养非常严格，龙湖定向联系了全国最优秀的几所大学，每年最早去做校园的巡回和宣讲，以挑选最优秀的大学毕业生，并为其设计了长达14个月的早期发展计划。

　　由于龙湖业务的多元化，龙湖为仕官生提供了需要熟悉每个产品链当中每个岗位每个环节的机会，并针对仕官生的每个发展阶段制定了相应的培训计划。

（资料来源于龙湖地产官方网站）

　　他迅速找来姚兵，把自己的思路告诉了他。姚兵立刻明白了他的用意，于是回到办公室，打开电脑，在管理人员梯队培养计划初稿中敲上了"梯队培养，从源头抓起；校园招聘，为未来奠基"。并将此部分内容做了完善，附上了龙湖地产的案例，发给了崔世波。

此时的崔世波正在桌前飞快地敲着自己的校园招聘计划书,半个小时后,连同姚兵的方案一起发给了周董,之后,他长长地舒了一口气。

第二天,周董把崔世波叫到了办公室。

"你的动作挺快的,半天的工夫就找到说服我的理由了!"周董笑着说道。

崔世波自信满满地说道:"不是动作快,只是对您的关注重点作了再一次的理解,梯队培养是未来的关键环节,而这个环节的永续运作在于源头上人才的补充,所以这次校园招聘,我是一定要聚焦的,将关键资源用在刀刃上,走在其他企业的前面,打他们个措手不及。否则打得太散,以我们现在的实力,在资源和时间上都是不允许的。当然品牌推广的目的必须要达到,这个您可以放心,从我进慕澜开始,树立我们的品牌形象,就已经在我的脑子里扎根了。"

"好吧,这个理由我接受了。管理人员梯队培养计划怎么样了?不要抓了源头,忘了主体。你可要记得提醒姚兵,我要的是实施,他以前的东西都太浮了,效果不好。"

"没问题,姚兵这几个月提升得很快,我这几个经理,这几年有的忙了。"

本章总结

一、构建区域销售经理学习地图

1. 领导力发展阶梯理论

一个优秀的领导者在通往组织最高领导者的路上需要经过六次转型,其中挑战最大的是从普通员工向一线管理者的转型过程。

2. 单一岗位学习地图的构建流程

构建能力模型—绘制成长路径—确定学习内容—对应培养方式—形成培养规划—引入回炉机制。

3. 知行合一原则

能力发展 10% 取决于知识的学习,例如阅读书籍、参加培训或观摩他人等,70% 在于实践行动,例如尝试部分行动或是完成一个比较有挑战性的目标任务,20% 依赖 360 反馈和教练辅导等。

4. 多元化的培养方法

保证培养效果可应用多元的培养方法组合：E-learning、导师制、行动学习等。

5. 回炉机制

用回炉机制激发学员的学习动力，引导组织相关人员关注、管理学员的学习效果和实践效果，制订回炉改善计划，全流程帮助学员度过转型期。

二、人才梯队建设

人才梯队培养系统的设计应从"选、育、用、留"四个方面开始施力。

梯队培养分步完成：标准机制，流程构建；全面培养，准确选拔；效率第一，系统上线。

构建人才梯队的要点。

关键要素：人才储备池构建；人才储备培养；上岗三个月内持续培养；全过程的选拔退出机制构建。

保障要素：通过年化敬业度调研与对比分析，识别和更新人才保留的关键因素，针对性地制定保留策略，留住培养出的核心人才。

三、案例

"龙湖仕官生 2.0 计划"所引发的对于人才梯队培养的思考。

从供给源"仕官生"开始准备,从源头抓起,不断重视校园招聘和应届生培养,使"仕官生"通过系统化、多方面的轮岗和培养,帮助企业进行做好人才储备和梯队建设工作的同时,实现人才的及时补给。

04 员工最重视的事：
晋升和加薪

第一节　离职热潮来袭

技术骨干走了一半

三月，每年到这个时候都是人员离职的高峰期，也是各大企业的招聘经理最忙碌、最头疼的时候。

董乐最近也忙得焦头烂额，研发系统的离职人数最多，一下子走了好几个，而且一半都是公司的老员工，基本上都是公司的技术骨干。这在公司引起了不小的震动。

这种现象对原有产品线"木兰"系列影响很大，引起了研发总监王工的警惕。按照公司的惯例，在员工离职前上级和绩效薪酬经理都要和他们进行面谈，了解离职原因。王工和绩效薪酬经理周玲这些天一直忙着和离职人员进行离职面谈，可面谈的结果让他着实有点吃惊。

第一个面谈的对象是老员工王明，在公司五六年，当初是跟着王工一起来慕澜集团的，对个人的职业生涯发展机会很看重，这次他提出离职，王工多少能猜到是什么原因。

"王总，我跟你这么久了，你也知道我这个人，有话就直说，我也不拐弯抹角。"王明看着自己的老上级，缓缓说道，"我在公司这么多年了，你和公司也给我提供了很多学习的机会，但是你知道的，我们研发专业人员根本就没什么晋升通道，我在目前这个位置上已经三年了，接下来我不知道要等到什么时候才能往上升一级。刚好外面有家企业给我提供了一个比较好的发展机会，所以……"

果然，王明的离职原因和王工猜想的一样，王工心里明白，目前研发专业人员的发展通道只有研发工程师和高级研发工程师这两级。再往上只能走管理路线，挤管理的独木桥。但管理职位毕竟有限，目前的研发部经理才刚上任一年，王明已经在高级研发工程师位置上待了三年了。

"还有，王总，有个问题我憋在心里很久了，趁这个机会，也一并说出来，那就是我们与新产品线的同事薪酬差距比较大，大家都觉得不公平，这几个月来大家没少抱怨这事。"本来一开始王明是不想说出来的，后来想了想，还是决定说出来，希望为一起工作过的同事争取一些福利。

听完王明的话，王工在心里思考着：新旧产品线的研发人员之间的薪酬体系不一样，当时是因为要招到新产品线的研发人员必须要这么高的薪酬，没想到解决了一时的问题却引发了老员工的不满。

在接下来的面谈中，王工和周玲听到最多的就是"我都不知道自己的晋升通道在哪儿，完全不知道我在这里做下去的发展在哪儿""没有技术的上升通道,薪酬又比外部的低……""凭着主观的判断,晋升的资格没有明确的标准"……

通过对研发系统离职人员的面谈和分析发现:公司缺乏对长期贡献员工的认可,员工没有清晰的职业发展规划,薪酬也不是很高,无奈之下,他们只能另寻发展;现有的晋升没有明确、清晰的晋升标准;新旧产品线研发人员薪酬体系的差异也引发了旧产品线老员工的不满。

看问题很透彻的技术

周玲很快就把这次面谈的结果整理后发给了崔世波,还加上了王工的担忧和期望,怕这样发展下去,自己这边的人都跑光了,想看看他这个人力资源总监有什么好的解决办法。

看着满手的信息,崔世波飞快地分析着:从面谈的结果来看,搭建职业发展管理机制是关键,不然以后研发系统原产品线会流失更多的员工,不断新增产品线会不可避免地出现这样的情况。同时,这次职业发展管理机制的搭建不能只关注研发系统原产品线,需要参考整个研发系统。不过,他转念一想,给研发人员搭建了更长的发展通道以后,需要对新旧产品线的研发岗位进行价值评估,解决薪酬定位的依据问题,薪酬也要对标外面市场,解决竞争力问题;也不能只关注研发系统目前出现的问题,需要考虑其他企业在员工职业发展方面常遇到的问题来整体解决。

> **知识小分享：企业在员工职业发展方面常遇到的问题总结**

企业在员工职业发展方面常遇到四类问题，对于这次研发系统的问题主要集中在"职业发展通道和晋升标准"方面（见图 4-1）。

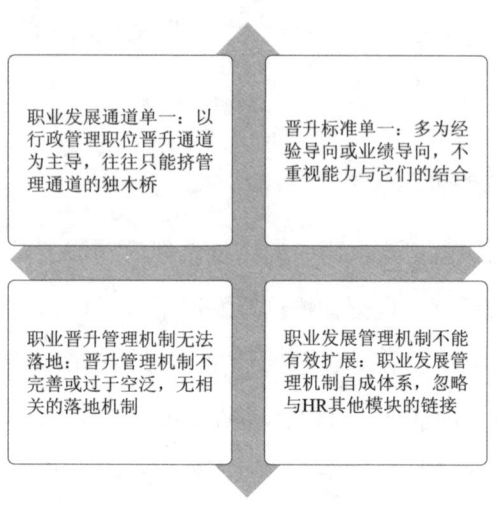

图 4-1　企业在员工职业发展方面遇到的问题

理清头绪后，崔世波带着自己的想法去和分管研发系统的副总裁刘总以及周董商量这件事。崔世波首先向他俩介绍了目前研发系统遇到的问题，然后又从公司战略发展出发，强调了研发人员职业发展管理机制建设的必要性："研发人员是公司未来战略发展的重要支撑，公司也强调过要加强这方面的投入，关注研发人员的留用是现阶段的重点。"

周董明白崔世波的意思，确实公司之前对研发系统的关注是比较少的。虽然最近几年加强了对研发的投入，但是花费在员工身上的投入还是比较少的，也是时候加强这方面的投入了，他说："嗯，你大概讲讲你的思路是怎样的。"

接着崔世波详细介绍了研发人员职业发展管理机制建设的整体思路，其间，周董和刘总也都提出了自己的一些想法，帮助崔世波把思路整理得更为清楚和完善。

和两位老总商定下来后，崔世波召集了部门内参与这次项目的相关人员：组织发展经理王婧、组织发展专员晓明、绩效薪酬经理周玲以及薪酬专员小唐。由他们亲自就"如何建设研发人员的职业发展管理机制"进行培训，为后续项目开展打好基础。

首先，崔世波向大家介绍了职业发展管理机制建设的整体解决思路：搭建职业发展管理基础，配套相关的落地机制，重视与人力资源其他模块的链接。为了便于理解，他在白板上画出了整体的框架（见图4-2）。

工具小博士 18：职业发展管理机制建设整体解决思路

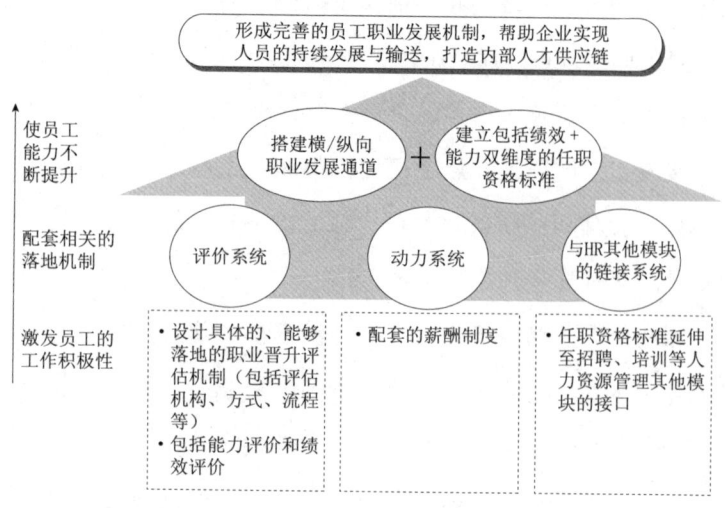

图 4-2　职业发展管理机制整体解决思路

"从这个图我们可以看出，第一步，我们需要搭建职业发展管理基础，即研发人员的职业发展通道以及每个层级的要求及发展标准。"他顿了顿，又接着说，"为了拓宽研发人员的职业通道，我们这次需要搭建横向和纵向两条职业发展通道。先给大家谈谈纵向职业发展通道是怎么回事，这个王婧你最有体会，你先来说说。"

王婧站了起来，在会议室的白板上给大家比画着："员工的纵向晋升发展路径，一般为 Y 型双通道模式，这是员工的主职业发展路径。"她在白板上"唰唰"两下就形象地画出 Y 型双通道模式（见图 4-3），并详细介绍了这种模式的作用。

工具小博士 19：纵向 Y 型双通道模式

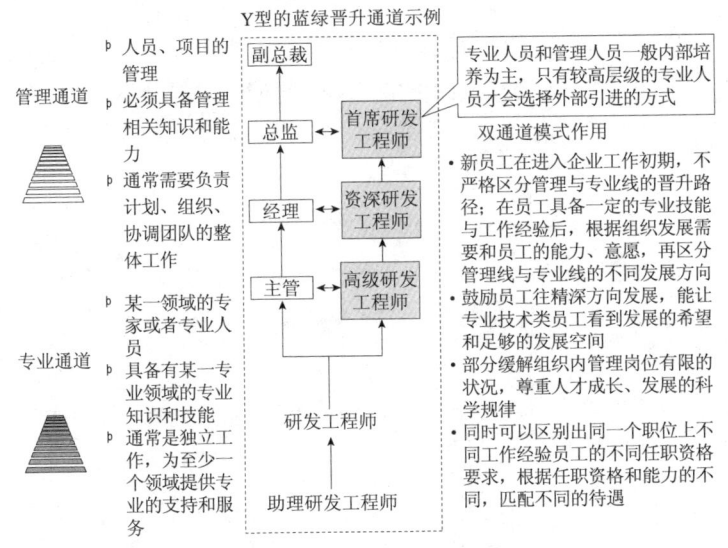

图 4-3　纵向 Y 型双通道模式

王婧的话音刚落，崔世波对她投去赞赏的眼神，示意她坐下，接着说："刚才王婧很好地给大家介绍了纵向 Y 型晋升发展路径。不过大家要注意，专业通道和管理通道之间不是割裂的，也是可以相互流动的，目前大部分公司都形成了这种 Y 型的人才发展通道。接下来，我给大家介绍员工的另一条职业发展路径，即转岗及跨专业/部门的横向发展晋升，这是员工的辅职业发展路径。"崔世波刚提出转岗及跨专业/部门的横向发展晋升这个概念，就引起了王婧和晓明的极大兴趣，他们之前都没听说过这种职业发展路径。

崔世波转身在白板上画出一个示例（见图4-4），并接着介绍了横向通道的目的和原则。

工具小博士20：转岗及跨专业/部门的横向发展晋升

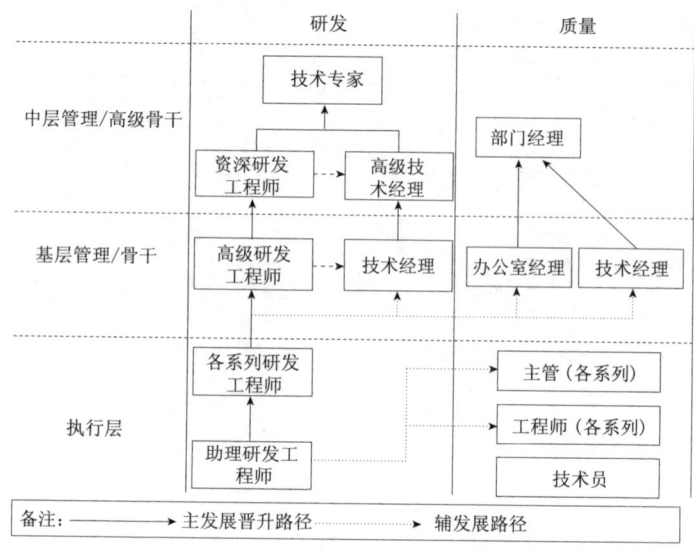

图4-4 转岗及跨专业/部门的横向发展晋升

横向通道设计的目的：

为员工提供了更加灵活的发展机会，减少了传统纵向通道的拥堵，有利于全面发掘员工的潜力和员工职业发展的再定位，扩大和丰富工作内容，从而调动其积极性和主动性，获得职业成就；

让员工根据自己的兴趣及工作发展愿望得到发展

晋升，使公司人岗相匹配，实现研发人员的价值最大化；

换岗和轮岗可以丰富员工的工作经验，锻炼和培养复合型人才，为员工的纵向发展奠定扎实基础。

原则：

对于资深专业技术型人员，通常情况下不鼓励跨职群、职类晋升，因在原岗位上积累的知识和经验在新岗位上难以得到全面充分的应用，不利于公司内部专业能力的积蓄、提升。对于员工本身而言，由于新岗位通常具有与过去不同的技能要求和知识要求，原有技能没有充分的利用机会，而新技能需要重新开始积累，也不利于其职业生涯的快速发展。

在介绍完横向和纵向两条职业发展通道的内容后，崔世波停顿了一下，喝了口茶，继续说道："因为目前研发系统的新旧产品线之间的薪酬体系是不一致的，所以搭建完职业发展通道后，就要进行相应岗位价值评估，作为薪酬体系重新设计的基础，里面涉及薪酬方面的内容就需要周玲你来负责。"

见周玲点了点头，他继续道："有了职位发展通道后，我们就要考虑研发人员在晋升路径上的要求及发展标准，即任职资格标准，作为员工晋升评估的基础，在这里我们可以采用多维度的 3D+E 任职资格标准。3D+E 标准里的 'D' 和 'E' 分别是 Do（工作职责）、Deliver（工作业绩）、Display（工作能力）和

Experience（工作经验）的首个字母。工作经验 E 是晋升'门槛'，通过限定在现任岗位上最低工作年限要求或过往相关经验要求，设定'门槛值'。3D 是晋升标准，即晋升岗位的职责内容要求、在现有岗位上的绩效表现以及晋升岗位所需要具备的能力要求。"

工具小博士 21：多维度的 3D+E 任职资格标准（见图 4-5）

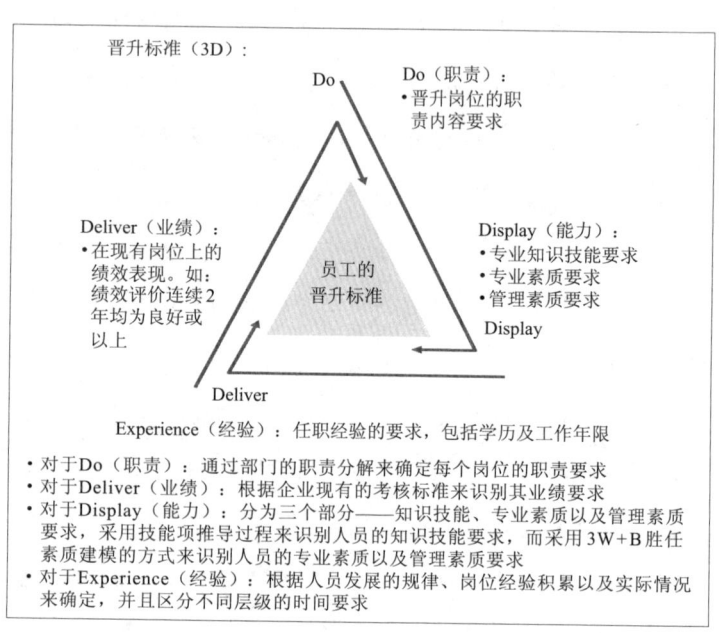

图 4-5　多维度的 3D+E 任职资格标准

崔世波看着自己的下属们在笔记本上沙沙地记录着，问道："上面已经给大家介绍了职业发展通道和标准，你们觉得接下来要做什么？"

"接下来，我们就要配套相应的制度和流程，这样我们搭建的职业通道和标准才能真正落地。"周玲看着白板上的整体框架回答道。

"是的，我们要基于职业晋升通道与晋升发展标准，设计具体的晋升管理机制，也就是刚才我在白板上写的评价系统和动力系统，主要包括四个方面：晋升评审、评审机构、晋升周期及流程、相关配套制度。"他接着介绍了这四个方面的具体内容。

崔世波指着白板上的"与人力资源其他模块的链接系统"提醒大家："同时，我们也不能孤立职业发展体系，需要考虑与人力资源其他模块的链接，比如任职资格要求应该在招聘中如何应用。"

崔世波觉得今天的培训和讨论达到了自己想要的效果，最后给大家总结了职业发展管理机制建设的工作步骤（见图4-6）：

	1. 搭建职业发展通道	2. 建立3D+E任职资格标准	3. 职业晋升管理机制设计及评估实施	4. 基于任职资格标准的应用体系规划
关键步骤	• 1.1 职位序列的梳理：根据企业岗位设置状况和职责划分情况，梳理职位序列 • 1.2 横/纵向职业发展路径的搭建：规划职位序列人员的职业发展路径原则，明确职业发展的方向，为能力培养作出指引 • 1.3 进行岗位价值评估，设计新的薪资表	• 2.1 将部门职责分解到岗位，理清各岗位经验及绩效要求 • 2.2 梳理知识技能：通过技能砖推导的方式梳理各职位序列的知识技能，并根据不同的专业层级确定知识技能的要求 • 2.3 构建胜任素质要求：根据管理线和专业线建立管理能力和专业能力模型	• 3.1 通过统一的流程和管理机制，保证晋升管理的统一性、公平性和可控性 • 3.2 对现有人员进行第一次评估并套入新的职位体系中	• 4.1 应用体系规划研讨会：研讨3D+E任职资格标准在HR其他模块的接口

图 4-6　职业发展管理机制建设的工作步骤

培训结束后，大家心里都有了底，对职业发展管理机制建设的相关内容有了全面的了解，清楚了接下来的工作内容。

第二节　成人达己：为员工设计发展通道

多方激烈讨论搭通道

整个项目的实施如火如荼地开始进行了。崔世波深知对于职业通道的搭建，不可能光靠人力资源部门人员来完成，必须与业务部门一起研讨。因此，他找到周董协调公司资源，成立了专门的行动学习小组，成员包括王婧、晓明以及新旧产品线的研发总监王工和杨志忠。

于是，一场激烈的研讨会上演了。因为王婧对纵向职业发展通道的搭建是有经验的,一开始,崔世波就让她带着大家来讨论。

"首先,我们需要一起讨论职位序列的划分,把所有岗位都归为职位序列,即找到职位族。因为职位序列划分是职业发展通道设计的基础。"王婧看着屏幕上的PPT给大家详细介绍道。

"需要和大家说明的是,这里的职位序列或职位族是指具有相同工作性质及相似任职素质要求的一类职位的通称,比如我们公司IT部的程序应用工程师、网络工程师、测试工程师就同属于IT职位族。大家要注意职位序列划分不是以部门的职能划分为依据的,而应遵循以下几个原则。"王婧接着给两位总监介绍了职位序列划分的原则(见图4-7)。

工具小博士22:职位序列划分的原则

图4-7 职位序列划分的原则

两位总监对于职位序列的划分还是理解得比较到位的。经过来回几轮的讨论后,大家最终确定了研发系统的所有岗位都可以归到四大职位序列下面:管理序列、技术研发序列、临床检验序列和业务支持序列。

"对于研发系统管理序列的层级搭建,大家都是很清楚的,应该是主管—经理—总监—副总裁。然后,需要考虑其他三个职位序列有多少层级,这里我们需要考虑培养人才的时间长短、职责的变化、与管理序列的层级对应。"王婧继续说道。

> **知识小分享:各职位序列内搭建层级的标准**
>
> 　　培养人才的时间长短:职位序列中优秀人员从最低层级发展到最高层级需要多长时间,最好是三年内就能够跳一级。
>
> 　　职责的变化:每个层级的晋升都应该带来职责的扩展,需要考虑有无职责范围的扩展或工作内容复杂程度的变化等。
>
> 　　与管理序列的层级对应:职位序列的最高层级在组织内部发挥的影响力,带来的价值应与管理序列中哪个层级对应。

"对于技术研发序列,目前研发系统只有两个层级,为研发工程师和高级研发工程师,结合上面讲的三个因素,两位总监认为还应该搭建几个层级,并且最高层级应该与管理序列哪个层级对应呢？"王婧问。

"基于我们未来研发系统的定位，从事技术研发的人才是最为重要的，因此需要设置一个首席研发工程师岗位来统筹技术研发的各项工作，这个岗位应该和我们总监平级。"王工首先提出了自己的想法。

"王工和我想到一块去了，我也认为有必要设置这么个岗位。同时，在首席研发工程师和高级研发工程师之间，还需要搭建资深研发工程师这个层级，因为我们的技术研发人员的数量很多，需要搭建长一点的通道来鼓励他们在专业上走向精深。"杨志忠补充道。

于是，大家很快敲定了技术研发序列的职业发展通道为：研发工程师—高级研发工程师—资深研发工程师—首席研发工程师。

崔世波看大家讨论得差不多了，提醒道："目前我们的技术研发人员都是从外部招聘的有经验的人，但是基于未来考虑，我们需要从内部培养人才，所以建议在研发工程师下面再搭建一个层级——助理研发工程师，用招聘来的应届毕业生去培养，不知道两位总监怎么看？"

王工和杨志忠思索了一下，都点头赞成崔世波的想法。

"关于临床检验序列，目前研发系统也只有两个层级，即检验专员和高级检验专员，两位总监认为还应该搭建几个层级，并且最高层级应该与管理序列哪个层级对应呢？"王婧接着问道。

"临床检验序列的专业要求没有技术研发序列那么高,所以,最高层级可以到资深检验专员,与管理序列的经理平级,与技术研发序列的资深研发工程师平级,王工你怎么看?"杨志忠说完自己的看法,询问王工的意见。

王工点了点头,说道:"这个我赞成。这个序列也是可以从应届毕业生开始培养的,那么职位发展通道可以是助理检验专员—检验专员—高级检验专员—资深检验专员。"

接下来,大家对业务支持序列进行了讨论,因为属于此职位序列的岗位主要承担支持、协调、辅助性的工作,在专业技术上的要求不高,因此大家很快就达成一致,只需要构建三个层级:文员—专员—高级专员,最高层级与管理序列的主管层级平级。

最后,晓明把大家讨论的结果在PPT上呈现了出来(见图4-8):

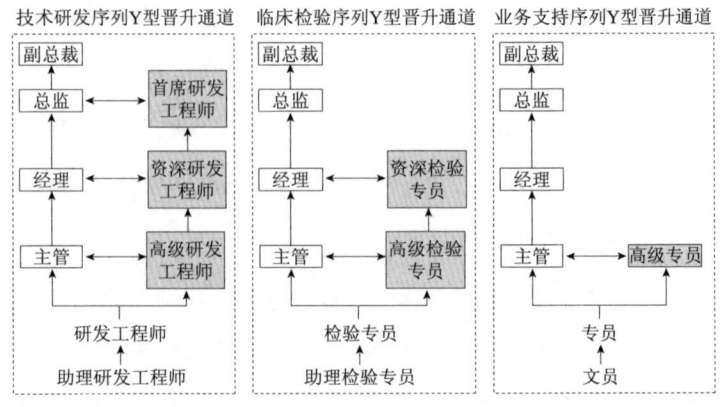

图4-8 技术研发、临床检验、业务支持序列的Y型晋升通道

"刚才我们已经讨论了纵向 Y 型双通道的搭建，但其实员工还有一条横向职业发展通道即转岗及跨专业/部门的横向发展晋升。我举个例子给大家解释一下，比如研发系统有个研发工程师，他没有兴趣往技术研发方面继续纵深发展，而是想去营销系统做技术经理。针对这种情况，我们需要考虑研发系统的哪些岗位可以横向流动到其他系统，为员工提供更加灵活的发展机会，让他们根据自己的兴趣及工作发展愿望得到发展晋升，使公司人岗相匹配。"崔世波用举例的方式给两位总监解释了横向发展职业通道的作用。他补充道："这样就可以盘活我们各大系统之间的人才库。"

"适合转岗及跨专业/部门的横向发展晋升的岗位之间是不是应该有个规则呀，不然就全乱套了。"杨志忠提出了疑问。

"杨总说得很对，转岗及跨部门/专业晋升需要考虑几个因素，分别是……"为了便于大家理解，崔世波用表格的方式清晰地展示了内容，简洁明了（见表 4-1）。

工具小博士 23：允许转岗及跨部门/专业晋升的考虑因素

表 4-1 允许转岗及跨部门/专业晋升的考虑因素

考虑因素	相关专业相关职位部门内流动	相关专业的跨部门流动	跨专业跨部门的流动	权重
职位能力相似程度	√	√	√	50%

（续表）

考虑因素	相关专业相关职位部门内流动	相关专业的跨部门流动	跨专业跨部门的流动	权重
在本岗位工作年限（至少2年）	√	√	√	
过去两年的绩效（至少达到合格水平）	√	√	√	
获取新技能和知识的能力		√	√	50%
过去与将流动的职位的合作情况			√	
在同一职位组内轮岗的经验	√	√	√	
职位空缺及相关方的意见（现职位主管、未来职位主管、本人）				

说明：员工需具备50%或更多相似的能力，以表明该员工可以有效地承担未来的职责和角色，因此员工现职位所需职位能力（包括知识技能及专业能力）和拟转岗位所需的职位能力之间的相似程度，作为评估权重占50%的必要条件。

"这里需要注意的是，不是所有的岗位都允许转岗及跨部门/专业晋升发展的，像资深研发工程师，通常情况下不鼓励其跨职群、职类晋升。"崔世波又把横向发展晋升的原则给两位总监讲了一遍。

最后大家讨论确定了技术研发序列和临床检验序列可以和

其他两大系统——营销和生产供应链系统的哪些岗位横向流动，比如技术研发序列的助理研发工程师可以向生产供应链系统质量部的技术员晋升发展，也可以向营销系统市场部的技术支持工程师晋升发展（见图4-9）。

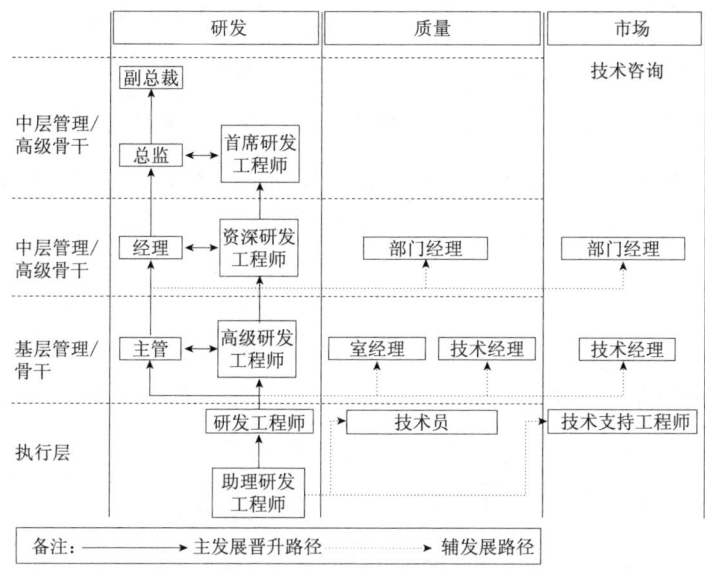

图4-9 技术研究序列的横纵向职业发展通道

在与两大总监讨论确定后，崔世波向周董汇报了这次研讨会的成果，会议室里还坐着刘总、王工和杨志忠。

崔世波汇报完，周董并没有马上就汇报内容提出自己的意见，而是不紧不慢地说道："我还记得美的集团总裁何享健有一句很经典的话，'美的60年代用北滘人，70年代用顺德人，80年代用广东人，90年代用中国人，21世纪用世界人'。这正是美的人才结构的写照。其实，我们慕澜目前能够在国内占据行业前三名，发展速度这么快，一直是和优秀人才的引进分不开的。"

他停顿了一下，继续说道："未来我们是要以研发为先来驱动公司的继续快速发展，而不再是过去单靠营销先行，所以，未来核心技术人员对于我们来说是最重要的。刚才，我听了大家的汇报，总体结果还是很满意的，但是有一点需要注意，就如我刚才强调的，核心技术人员的重要性。所以我想为他们提供更高的发展通道，设置首席研发工程师与副总裁平级，而不是与总监平级，这个岗位可以面向国内外招聘最顶端的人才。"

听完周董的话，大家心里对研发系统的定位更加清晰了，也明白了未来首席研发工程师岗位应该发挥的作用。

岗位价值评估彰显价值

汇报完毕后的一个星期，崔世波筹划起了下一阶段工作：进行岗位评估，平衡岗位价值，为后续的薪酬重新定位提供基础，解决新旧产品线薪酬体系不同的问题。

岗位价值评估需要采用逐级评估的方式，一般由上一层级的人来评估下面的岗位，崔世波在心里琢磨着：研发系统目前的岗位没有其他两个系统那么多，也没那么复杂，两位总监对于下面的岗位比较熟悉，可以简化流程，通过两场研讨会就可以了，一场是和周董一起评估总监及以上岗位，另一场是和两位总监一起评估总监级以下岗位。

和周董的研讨会比较简单,也就四个岗位,分别是:分管研发系统的副总裁、新旧产品线的两个总监以及新设置的首席研发工程师。

重头戏在于和两位总监评估下面的岗位。研讨会的讨论异常激烈,参与人员有崔世波、研发系统的两位总监、王婧和晓明。

这次他还是让王婧来组织研讨会,之前他已经给她详细地培训了整个过程,也让她作了一次实际的预评估。

崔世波在会上起了个头,介绍了这次研讨会的目的:"之前,我们已经搭建了职业发展通道,但是大家看到的只是专业序列和管理序列之间大概的对应关系。这次我们需要借助专业的岗位评估方法,一一评估研发系统总监级以下的所有具体岗位,搭建起我们研发系统的职等架构,为新旧产品线薪酬体系的统一提供基础,下面由王婧给大家详细介绍这个方法。"

于是,王婧笑着对两位总监介绍什么是岗位价值评估。

工具小博士24:岗位价值评估

岗位价值评估是指通过系统的方法、集体决策评估岗位对组织的重要性,衡量岗位之间相对价值,而不是绝对价值。这就是说,岗位价值评估是相对的、需要主观判断的、系统性的、关注职位的,不是绝对的、完全客观的、系统性的、关注人的。

"由于岗位价值评估不能完全避免主观因素,在评估的过程中,我们追求'求大同,存小异',不追求完美。

"我们这次采用的岗位价值评估方法是因素评价法。这种方法不同于其他评估方法,能更好地反映岗位价值的根本区别,从而保证岗位价值评估的精确性。这个方法是基于IPO模型来确定评估因素的,'I'是指工作投入因素(Input),'P'是指工作过程中的主要影响因素(Process),'O'是指工作结果(Output)。基于这个模型,我们这次确定的评估因素包括五项:知识与技能、解决问题/制定决策、沟通技能、影响(公司和个人影响)、责任(性质和范围)。具体的介绍请大家翻阅岗位评估系统使用手册。"

工具小博士25:IPO模型(见图4-10)

图4-10 IPO模型

两位总监一边翻阅着岗位评估系统使用手册,一边听王婧详细介绍。当确定两位总监都理解后,才开始第一个岗位的评估。

一开始进展比较顺利,但是当评估到"理化检验员"这个岗位的时候，两位总监的打分出现了分歧。

王工认为："该岗位的任职者已经在这个岗位上工作很多年了，他的专业能力在整个研发系统是数一数二的，因此这个岗位的知识技能要求高，不应该得这么低的分数。"

"但是，这个岗位价值评估针对的是这个岗位要求的知识技能，而不是关注该岗位上的任职者，这个岗位本来就不需要这么高的专业能力来完成，找个专业能力低一点的人也可以胜任这个岗位。"杨志忠不赞成王工的意见，据理力争。

"虽然话是这么说，但我怕对目前这个岗位上的任职者有影响。"王工暗示薪酬方面的因素。

崔世波见两位总监争执不下，说道："刚才杨总说得不错，岗位价值评估应该从岗位的要求来考虑，而不是目前任职者的情况；但是王工的考虑也是有道理的，这个我们可以通过在薪酬上对其有所倾斜来解决，或者我们这次搭建了更长的通道，如果他达到要求就可以通过升职来解决。"

研讨会继续进行着，其间还遇到几个争执的地方，都被王婧和崔世波一一化解。在整个过程中，晓明一直在旁记录着讨论的结果。

最终，这次研讨会的结果以及与周董研讨会确定的结果汇总如下（见表4-2）：

表 4-2 研发系统岗位职等架构表

职等	管理序列		技术研发序列		临床检验序列		专业支持序列	
	职级	岗位	职级	岗位	职级	岗位	职级	岗位
12	副总裁	研发系统副总裁	首席研发工程师	暂无				
11								
10	总监	木兰系列研发总监						
9		娇兰系列研发总监						
8	经理	木兰系列研发部经理 娇兰系列研发部经理 检验部经理 ……	资深研发工程师	暂无	资深检验专员	暂无		
7								
6	主管	木兰系列护肤研发主管 木兰系列沐浴研发主管 办公室主任 ……	高级研发工程师	木兰系列护肤品资深研发工程师 娇兰系列彩妆资深研发工程师 ……	高级检验专员	理化检验员 ……	高级专员	总监助理 ……
5								
4	研发工程师	木兰系列护肤品研发工程师 娇兰系列彩妆研发工程师 ……	检验专员	物化检测员 ……	专员	秘书 数据分析员 ……		
3								
2			助理研发工程师	暂无	助理检验专员	暂无	文员	前台 司机 ……
1								

> **知识小分享：职等、职级**

职等，即职位等级，是针对岗位的等级划分，各个职位序列下的岗位可依据职等进行横向比较。例如：各部门经理如财务经理、销售经理、人力资源经理属于同一职等。职等立足于工作的跨度。

职级，即职位级别，是同一职位序列岗位在级别上的区分，例如销售代表岗位，可分为普通销售代表、中级销售代表、高级销售代表三个职级。职级立足于工作的深度。

职等架构表搭建完之后，周玲带着新来的薪酬专员小唐着手准备进行薪资表的搭建和设计。她先从外部采购了一份薪酬数据报告进行薪酬数据的对标，随后开始进行薪资表的搭建。

"经理，薪酬设计有这么多种，我们按照哪种设计呢？"小唐看着周玲给的薪酬设计材料，不知从何入手。

"我们这次要设计的是宽带式薪酬。我先给你讲讲薪酬结构设计的三种方式。首先是薪级式的薪酬结构，这种是最常见也是最早的薪酬结构，又叫点薪式薪酬结构。它是以岗位以及年资为基础，特点是一岗一级、一级一薪，这种模式管理很简单，但是会增加晋升的压力和成本，也会增加招聘难度。"

知识小分享：常见薪酬设计的三种方式（见图 4-11）

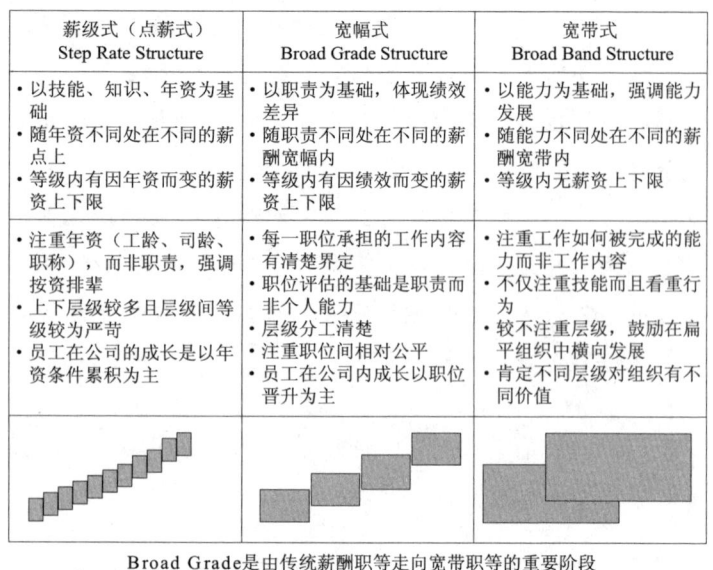

图 4-11　常见薪酬设计的三种方式

（资料来源于中国人力资源开发网）

"哦，按照这种薪酬结构，如果要加薪就必须依靠升职，所以会增加晋升的压力和成本，对吧？"小唐问道。

"是的，同样这种模式要升职更多是靠年资，看的是职位而不是个人能力，比较不利于激发员工的积极性。"周玲看着小唐，接着说道，"第二种是宽辐式薪酬结构，这种薪酬结构有薪资的上下限，以职责为基础，体现绩效的差异，特点是一岗一级、一级多薪。在这种薪酬结构中，每一职位承担的工作内容都有清楚的界定,层级分工也非常明确,所以这种模式相对于点薪式会更多关注职位间的相对公平性,但缺点同样是员工在公司内成长是以职位晋升为主,会增加晋升的压力和成本。"

"哦,原来如此。"小唐点点头,说道,"那我们要设计的这种宽带式薪酬又有什么特点呢?"

知识小分享:宽带式薪酬结构的特点(见图 4-12)

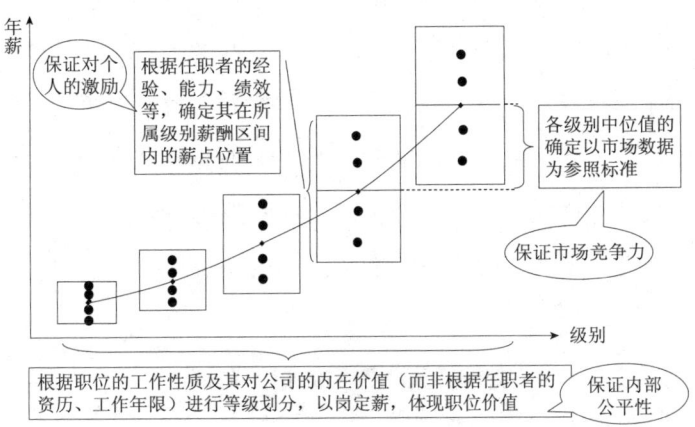

• 向战略性的、稀缺性的人才倾斜,增强薪酬对高端人才的吸引力

图 4-12 宽带式薪酬结构的特点

周玲微微一笑,接着说道:"宽带式薪酬结构与前两种最大的区别就是以个人核心能力为基础,特点是一岗多级、一级多薪,可以根据人的能力差异化,减少晋升压力,招聘的灵活性也高。比如你招来一个资深研发工程师,如果他能力很强,即便他不是研发总监,但是他的薪酬也可以和研发总监一样甚至

更高，这样就没有晋升的压力，不需要所有人都盯着有限的管理职位了。"

"嗯，这样确实不错，这种模式的缺点是什么呢？应该也有缺点的吧？"小唐好奇地问道。

"是的，它也有自己的缺点，这种方式对于管理人员的薪酬管理能力要求较高，如何评估每个人的能力并赋予合适的薪点位置是对管理人员的挑战。"周玲说。

"你看，这种宽带式薪酬结构首先根据职位的工作性质以及其对公司的内在价值进行等级划分，以岗定薪，体现职位价值，从而保证内部公平性；其次在各级别中位值的确定以市场数据为参照标准，从而保证市场的竞争力；最后根据任职者的经验、能力、绩效等确定其在所属级别薪酬区间内的薪点位置，从而保证对个人的激励。"周玲指着材料对小唐说。

知识小分享：宽带式薪酬架构的相关名词

级别幅宽：薪酬级别的宽窄体现在同一级别内依据绩效、能力增长、职责扩充带来的薪酬增长机会，以（级别上限－级别下限）/级别下限×100%表示，在进行幅宽设置时，需要考虑公司原有薪酬水平，一般规律，随着层级的升高，级别幅宽也体现出随之升高的趋势。

中位值跃升度：从低的一个薪酬级别到上一个薪酬级别的中点值增长百分比，跃升度要体现层级差异及较大的职责变化。

级别上限与下限：级别上限与下限原则上限定了进入到本级别的职位任职者的最高与最低薪酬；在实际管理中，这常作为参考值从管理需要出发，少数任职者实际工资可以低于最低值，也可高于最高值。

级别重叠度：该薪酬级别与高一个薪酬级别区间重合的程度，其公式为（本薪酬级别上限 − 高一薪酬级别的下限）/（本薪酬级别上限 − 本薪酬级别的下限），级别的重合度一般不超过50%（见图4-13）。

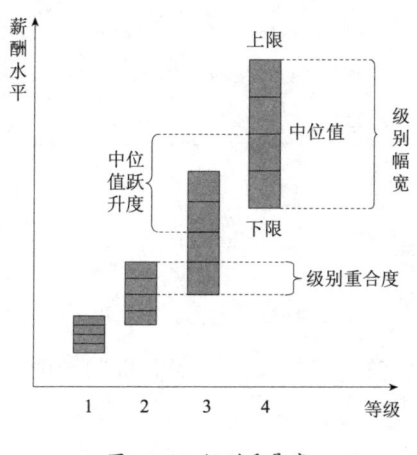

图4-13　级别重叠度

在周玲的细心指导下，小唐花了一周时间设计完成了新薪资表（部分示例如表4-3），这种新的薪资表是根据职位等级定制化设计的，体现岗位价值导向、外部市场导向以及绩效导向，可以很好地解决研发系统目前在薪酬体系存在的问题。

表 4-3 研发系统的新薪资表（部分）

职等	固薪/全薪	全薪下限值	全薪中位值	全薪上限值	幅宽	中位值跃升度	级别重叠度
10	60%	768,777	1,095,507	1,422,237	85%	80%	6%
9	60%	427,098	608,615	790,132	85%	80%	4%
8	70%	241,514	338,119	434,725	80%	70%	13%
7	70%	142,067	198,894	255,721	80%	60%	19%
6	85%	95,622	124,309	152,995	60%	40%	31%
5	85%	71,033	88,792	106,550	50%	35%	30%
4	85%	52,617	65,772	78,926	50%	35%	30%
3	85%	38,976	48,720	58,464	50%	35%	30%
2	85%	28,871	36,089	43,307	50%	25%	50%
1	85%	23,097	28,871	43,645	50%		

规范标准定要求

接着进入"建立3D+E任职资格标准"阶段，对于这一阶段的内容，崔世波也组织了人力资源部门与业务部门一起研讨完成。

3D+E的撰写也是分层级进行的，这次组织了四场研讨会，具体安排如下（见表4-4）：

表 4-4 研讨会安排

研讨会对象	研讨的岗位
周董	分管研发系统的副总裁岗位

（续表）

研讨会对象	研讨的岗位
刘总	两个研发总监岗位 首席研发工程师
王工和杨总	各大业务部门经理岗位 资深研发工程师 资深检验专员
各业务部门经理	经理级以下岗位

和周董、刘总以及两位总监的研讨会涉及的岗位不多，比较简单，崔世波将重点放在了和各部门经理的研讨上，涉及的岗位比较多，需要分阶段进行。不过这个工作首先需要得到两位总监王工和杨总的支持，于是，崔世波专门和两位总监事先通了气，讲明了为什么采用3D+E代替之前大家惯常用的晋升考核标准。

在取得了两位总监的支持后，崔世波和王婧确定了3D+E的工作流程及各方职责（见图4-14）：

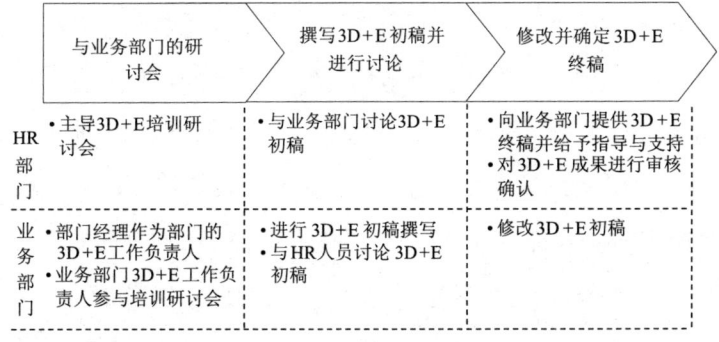

图4-14　3D+E工作流程及各方职责

首先是与各业务部门的研讨会，参与研讨会的是各业务部门的经理。

在培训研讨会上，王婧刚抛出3D+E，马上就引起了各大经理的质疑。

"为什么要采用这种形式作为晋升标准呢？我们之前的绩效指标加上级评价作为员工晋升的考核标准不是挺好的吗？"木兰系列研发部李经理首先提出了质疑。

"我也赞成李经理的意见，觉得没有这个必要，采用之前的方式既简单，又不用花这么多时间来搞，本来我们的业务就很忙。"检验部张经理附和道。

一时间，业务部门的各大经理议论纷纷。

崔世波早就让王婧做好了准备，只见王婧不慌不忙地解释道："各位经理，之所以采用3D+E的形式，而不采用之前的考核方式，主要有三个原因。第一，之前，我们更多是以绩效为导向，即使有上级评价，也只是作为参考意见，但是我们不可忽视的一个问题是，某个员工在目前这个岗位上绩效表现很好，不代表着他晋升到下一个岗位的时候绩效表现也会很好，我们需要从绩效和能力两个维度共同来看；第二，之前上级评价都是凭主观经验对晋升人员进行能力评估，没有一个客观的标准，这次我们会从知识技能、管理能力、专业能力三个角度来定标准；第三，除了绩效和能力指标外，其实我们还需要看其他的硬性指标，如工作经验，此外，3D+E不仅仅可以用在晋升中，还可以用在招聘和内部培养中。"

王婧的解释让大家一时间陷入了思考，王工和杨总趁机又给大家强调了 3D+E 的重要性。

接着，王婧详细介绍了 3D+E 的每一部分是怎么梳理的。

她先介绍简单的、大家以前接触过的部分："对于研发系统目前已有的岗位，他们的工作经验、晋升岗位的职责内容要求、在现有岗位上的绩效表现都可以根据现有的岗位说明书来梳理，花费不了大家很多时间。而对于新增设的一些岗位如助理研发工程师，难点在于职责的梳理，这需要大家根据部门的职责和岗位的定位重新梳理，可以采用我们之前给大家培训过的部门职责四级分解方法来梳理。"

工具小博士 26：部门职责四级分解（见图 4-15）

图 4-15　部门职责四级分解

根据以上部门职责三级分解过程，某集团财务管理部示例如下（见表 4-5）：

表4-5 某集团财务管理部职责分解

一级关键职责（一句话概括部门设置目的）	二级关键职责（一句话概括下级单位职责，格式为：影响范围+设置目的）	三级关键职责（列举每个下级单位的关键任务，3~5项为宜）
• 负责组织开展全集团会计核算和财务管理工作，为集团战略和业务发展提供全面的财务支持	• 组织开展集团会计核算工作，建立健全集团统一会计核算体系	• 建立和完善全集团会计核算及财务管理程序，并对下属企业进行业务指导 • 实施完成集团总部会计核算工作 • 协调集团内外部财务关系 • 组织并实施集团税务筹划工作
	• 组织集团财务管理工作，加强全面预算管理、财务分析和资金风险管理	• 组织制定全集团的资金运作与管理程序，协调与集团下属财务公司的工作 • 组织并实施集团全面预算管理工作 • 完成集团的财务分析与投资项目财务评估工作 • 完成集团的财产保险工作 • 为董事会及专业委员会提供财务资料

然后再将部门职责分解到岗位，即部门职责四级分解（见表4-6）：

表 4-6 部门职责四级分解

序号	三级职责	财务管理部总监	财务管理经理	会计核算经理	税务会计	总账报表会计	费用会计
1	建立和完善全集团会计核算程序,并对下属企业进行专业务指导	主持制定会计核算及财务管理制度并组织实施,领导团队统一所属企业推广集团的财务管理制度,并进行专业指导	组织制定财务管理制度并负责实施,领导团队向所属企业推广集团的财务管理制度,并进行专业指导	组织制定会计核算制度并负责实施,领导团队向所属企业推广集团的会计核算制度并进行专业指导	起草税务政策相关的管理制度,结合业务职能提供有效建议,并配合实施	起草会计核算管理程序、规范会计基础工作和核算流程,结合业务职能提供有效建议,并配合实施	起草成本费用管理程序,控制所属企业成本水平,结合业务职能提供有效建议,并配合实施
2	实施完成集团总部会计核算工作	主持开展集团会计核算工作,参与集团信息化建设	配合集团总部会计核算及决算组织工作,参与集团对外合同谈判	组织并实施集团会计核算及决算工作,参与集团对外合同谈判	执行集团各项税款的计算、申报、汇算清缴与核算工作	执行集团应收、应付款项、固定资产、股权投资等会计业务的核算与管理,编制各类会计报表,负责决算工作的具体实施,参与集团对外合同谈判	执行总部费用审核报销及核算工作,对所属企业成本、费用核算进行规范、管理与控制,集团的财务信息化工作,所属电厂财务事项报批工作

(续表)

序号	三级职责	财务管理部总监	财务管理经理	会计核算经理	税务会计	总账报表会计	费用会计
3	协调集团内外部财政关系	领导部门，协调与集团部门、所属企业财务部门、股东单位、中介机构、金融机构、政府相关职能部门的关系	协调集团部门、所属企业财务部门、股东单位、中介机构、金融机构、政府相关职能部门的关系	协调集团部门、所属企业财务部门、股东单位、中介结构、金融机构、政府相关职能部门的关系	协调与税务局的关系	配合协调与集团相关部门、股东单位、所属企业、监管部门的关系（负责对存货、往来账务、固定资产、金融资产、股权投资等资产组实施规范有效的财务管理，承担相应的财务监督职责）	
4	组织并实施集团税务筹划工作	主持制定集团及所属企业的税务政策	配合集团税收政策的实施	组织集团及所属企业税收政策的实施	为项目的税务问题提供解决方案，根据税收优惠政策，指导所属企业的税务工作，为集团合理避税提出合理建议并予以实施		

198

"能力部分是最难的，包括三部分内容：知识技能、管理能力和专业能力，接下来我会一一为大家详细介绍。首先来看怎么梳理知识技能。"

屏幕上显示出"技能项"三个大字，王婧继续说道："我们可以采用技能项的方式来识别出知识技能要求，因为是第一次梳理知识技能项，所以先搭基础，只需要梳理知识技能大项，不用到很精细的程度，比如，供应链系统的产品质量工程师需要产品知识，只需要梳理到产品知识这一大项就可以了，不必具体到是产品知识的产品技术知识还是产品功能知识这一细项，当我们以后这一方面成熟了，再梳理到这么细的项。"

工具小博士 27：技能项推导过程（见图 4-16）

关键步骤：

- 分析工作职责／内容，推导需要的知识与技能
  —梳理该岗位开展工作，涉及的工作内容／职责
  —对工作内容进行类别的划分
  —针对每个类别，明确详细的工作步骤
  —识别完成各工作步骤所需要的知识与技能要求
- 从岗位工作目标出发，分解需要的技能

工作方式：

- 通过研讨会的形式与业务部门共同理清工作步骤，识别知识技能项

岗位名称	工作职责/内容	工作类别	工作步骤	知识	技能	关键节点
产品质量工程师	• 研究新品涉及的新技术、新功能，拟定检测方法及标准 • 拟定产品检验试验标准 • 研究适用的测量控制方法 • 编制产品验收标准，检验试验规范、作业指导书 • 对重要质量问题做出分析，进行综合风险评估 • 提出验证方法和判定意见 • 对过程质量信息进行重大问题分析，提出纠正预防措施	新品导入	• 研究新品涉及的新技术、新功能	• 产品知识	• 沟通技巧	• 理解新产品的新技术、新功能
			• 拟定检测方法及标准	• 质量管理知识 • 产品测试知识	• 产品测试技能	
		检验标准	……	……	……	……
		检验支持	……	……	……	……
		过程控制	……	……	……	……

图 4-16 技能推导过程

"同时，在梳理知识技能的时候，不是所有涉及的知识技能都需要梳理出来，这是有原则的。"王婧提醒大家道。

> **知识小分享：制定部门所需技能项的原则**
>
> 制定部门所需技能项目的根据：
> 公司的经营发展目标对该部门的要求；
> 部门组织结构职能设计的要求；
> 过去的工作失误；
> 新工作的要求。

"而对于管理能力和专业能力的梳理,可以采用3W+B建模方式来进行,管理能力是针对管理序列而言的。"接着王婧就把董乐从猎头公司那里学来的建模方式给大家详细介绍了一遍,"同时,大家在梳理的过程中,需要采用N+X模型来构建各序列各层级的能力素质,使各序列的能力要求既有承接性又有独特性。

"N是指同一个职位序列的所有岗位都必须具备的能力要求,即通用能力;X则是指除了同一个职位序列的所有岗位都必须具备的能力要求外,每一层级应该具备的其他能力要求,以体现层级的差异。"王婧继续解释了N和X的含义。

王婧在屏幕上展示了N+X模型的一个示例(见图4-17),以加深大家的理解:

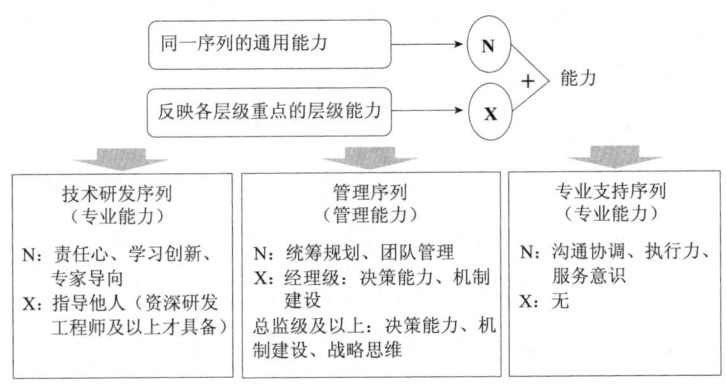

图4-17 N+X模型示例

培训结束后,整个研发系统都在热火朝天地进行3D+E梳理,经过几轮的来回讨论，持续了大概两个月，终于尘埃落定。

第三节　开放而专注：建立晋升管理机制

全面设计落地机制

转眼两个半月过去了，在崔世波和相关人员的努力下，研发系统目前已经搭建了职业发展通道、新的薪资表和晋升标准，接下来就要设计晋升管理机制，通过制度和流程把整个晋升体系运作起来。

其实公司之前已经有了一套晋升管理制度和流程，不过旧的晋升制度不够具体、清晰，可执行性较差，甚至制度里面写着"依据综合能力和工作业绩达到晋升标准者"这种没有明确工作业绩要达到何种具体标准以及综合能力的量化指标；同时也没有具体规定如何操作晋升标准，如综合能力和工作业绩的各自占比，以及考评小组人员的各自权重等均未明确。

崔世波带着王婧和晓明先分析原有的晋升管理制度和流程存在的问题，然后根据研发系统目前搭建的职业发展通道和晋升标准对具体的内容进行相应的完善和调整。

首先，崔世波根据自己之前在BJ集团的操作经验以及与同行交流的心得，给他俩讲述了在晋升评审、评审机构、晋升周期及流程、相关配套制度这四个方面的关键点。

知识小分享：职业晋升管理机制设计主要内容（见图4-18）

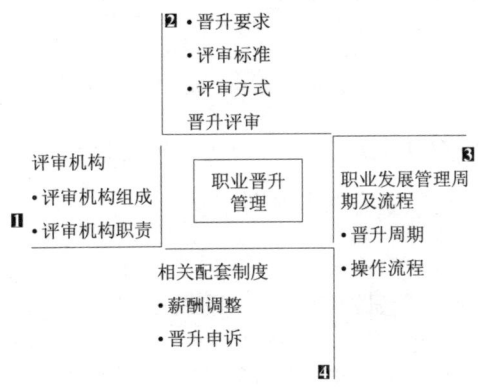

图4-18 职业晋升管理机制设计主要内容

1. 评审机构方面，包括评审机构组成和评审机构职责，关键在于：需要建立两个层级的晋升决策委员会，即研发系统的晋升决策委员会和集团的晋升决策委员会，分别管理总监以下级别和总监及以上级别的晋升。

2. 晋升周期及流程方面，关键在于：对于晋升周期，需要考虑常规晋升、破格晋升两种情况；对于晋升流程，需要考虑各层级的晋升提名、审核和审批权限，同时，也要考虑给转岗或跨专业/跨部门横向晋升设置试用期。

3. 晋升评审方面，包括晋升要求、评审标准和评审方式，关键在于：需要考虑晋升标准各个部分的评审原则、评估内容及方式、晋升资格否决项、晋升候选人的确定。

4. 相关的配套制度方面，则需要考虑晋升后的薪酬调整和晋升申诉。

崔世波给他俩讲清楚晋升管理机制设计中的关键点之后，他们开始讨论公司之前的晋升管理制度中比较欠缺的部分——晋升评审，框定了晋升评审原则。

工具小博士28：晋升评审原则（见表4-7）

理念及原则：3D+E在各层级所制定的标准关键在于筛选出本层级内最优秀最具潜质的任职者，以作为晋升到下一层级发展的候选人。晋升的评估以能力和绩效为基础。

绩效：绩效为评估员工晋升的重要维度，有利于培育结果导向的文化，保持组织的执行力和竞争力，增强标准的可操作性。

能力（包括专业知识、技能和能力素质）：能力为评估员工晋升的重要维度，有利于鼓励员工和管理者在关注绩效结果的同时，重视能力的培养和提升，符合组织长期发展的需要。

本岗位最低任职年限：一般情况下需在本岗任职累计到达最低年限方考虑提名晋升，对于能力特别突出业绩优秀者，经评估，可不受规定年限，破格晋升。

学历：学历是确保任职者熟悉当前岗位，积累本岗位所需能力的前提条件，不作为晋升的必要条件，可作为参考条件。

表4-7 晋升评审原则

职业通道	业绩表现		能力		
	绩效目标	技术贡献/团队建设	专业知识技能	专业能力	管理能力
管理通道–主管及经理	75%	25%	50%	20%	30%
管理通道–总监及以上	75%	25%	40%	20%	40%
专业通道	75%	25%	80%	20%	n/a

注意：评估结果所得分数不作为晋升决策的直接依据，作为晋升决策的重要参考依据，具体的晋升人员由相应晋升管理委员会商议并最终审批确定。

接着，由王婧带着晓明讨论如何完善具体的内容。

当讨论到如何根据绩效和能力两个维度来确定晋升候选人名单的时候，对于这两个维度到底应该各占多少的权重才算合理，两人一直无法达成一致的结果，只好去请教崔世波。

听完王婧的说明，崔世波明白了，这是不少企业的一个误区，其实这两个维度可不是看各自占多大的权重，而是应该采用九宫格来确定晋升候选人的名单（见图4-19）。

工具小博士 29：九宫格确定晋升候选人名单

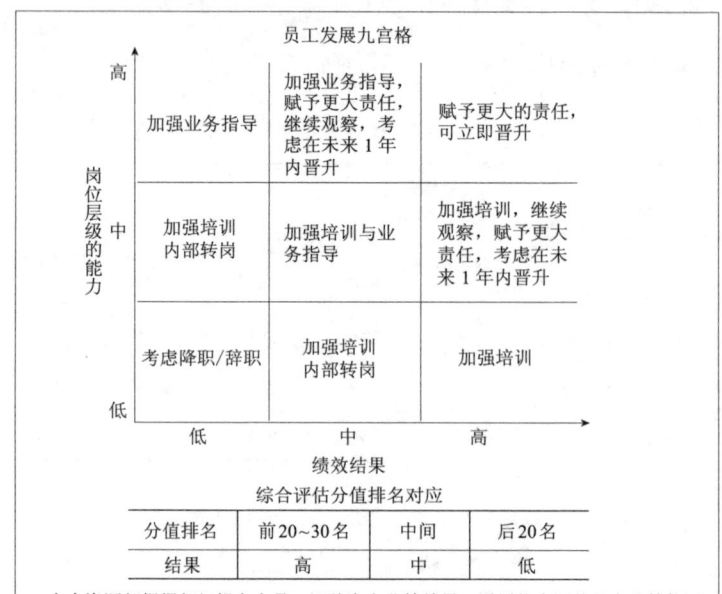

- 人力资源部根据部门提名人员，汇总个人业绩结果、通用能力评估及专业技能评定结果，综合计算每个提名人评估分值并进行排名
- 根据择优晋升原则，结合员工发展九宫格，筛选晋升候选人名单
- 将候选人名单提交晋升管理委员会进行讨论商议最终确定晋升人员

注：1. 评估结果所得分数并不作为晋升决策的直接依据
2. 排名的区间需要根据每年的晋升名额及预算调整确定

图 4-19　晋升候选人的确定

如何确定晋升候选人名单的问题很快得到了解决，当两人讨论到晋升薪酬调整的时候，因为目前研发系统采用了宽带式薪酬结构，需要重新搭建薪资表，所以就去找周玲商量如何调整更好。

周玲认为，当由直属经理和人力资源部门共同制定调薪方案，有两个原则需要考虑：初晋升的员工薪酬应调整到相应等级的薪酬区间（最低两档，根据目前薪酬而定）；薪酬调整幅度不超过30%，超过的时候分两次调整。

从晋升管理制度的初稿出来，经过崔世波、两个总监、刘总一轮轮地来回讨论和修改，最终通过了周董的审核，得以推广实施。不知不觉中过了一个多月，晋升管理制度终于顺利完成，王婧松了一口气。

审核通过后，崔世波安排王婧给相关人员进行相关成果和方法的宣导和培训，并和部门其他同事一起研讨任职资格标准延伸至招聘、培训等人力资源管理其他模块的应用。

人员初次套入，重新归位

七月的广州异常炎热，研发系统的职业发展管理机制建设项目已经到了最后阶段。崔世波想着，接下来就需要根据整体的晋升管理流程，完成原有岗位架构体系与新岗位架构体系的对接，实现人员平稳套入，并实行新的薪酬体系。因为他了解到，在现有的岗位上，高级研发工程师就有七八号人，其中有几个比较厉害的技术骨干，之前公司没有搭建资深研发专员层级让他们晋升，现在趁这个机会要对他们进行调整。

不过，他转念一想，这次人员评估一开始可不能全员进行，需要选试点先行，然后看效果再全面推广，找哪个部门先试点效果会比较好呢？对，王工负责的原产品线比较合适，可以先完成他那边的员工试评估套入，根据套入情况对相关机制进行回顾调整，然后再推广到整个研发系统，完成非试点单位员工的评估套入。

崔世波找刘总商量，他谈及这次人员试评估套入的主要关键点："按照我过往的操作经验，这次人员试评估套入不能只按照绩效和能力简单套入，需要注意两大关键点。"

> **知识小分享：人员试评估套入的主要关键点**
>
> 人员试评估套入不能只按照绩效和能力简单套入，需要：
>
> 套级的同时关注到薪酬；
>
> 考虑企业发展阶段对人员的要求。
>
> 即套入的时候最重要的是关注理想和现实的结合，人员套入的理想结果是按照绩效和能力的评估结果把每个人放到合适的岗位上，但实际上有可能会出现，企业现阶段发展需要必须拔高一些人员，或者因为历史原因出现有些能力不足但薪酬较高的人员。这些人员在套岗的时候，前一种可以套在较高层级的岗位，但定薪在同层级岗位的下线；后一种情况可以套在最适合的岗位，薪酬做特案管理，在未来年度调薪的时候通过给他冻薪或者少调的方式逐渐回归到合理水平。

在得到刘总以及周董的认同后，崔世波就开始对木兰系列产品线现有人员进行评估套级。

整个过程按照前面确定的晋升管理流程有条不紊地进行着，在实际的操作过程中，一些小的问题，崔世波带着下属也及时处理了。时间过得很快，等完成整个研发系统的试评估套入时已经是八月初了，正值夏日炎炎。

第四节　　招贤榜：盘活内部人才库

东北建厂急需用人，人才横向流动来解决

随着公司业务快速发展和走出去战略，生产供应链的产能进一步扩大，前年计划在东北新建的厂房也进入了收尾阶段，国庆后即将投入生产。可是摆在崔世波面前的难题是新厂的人在哪里？

虽然公司事先已经内部培养了一部分人才，也通过外部劳务公司批量招到一批人。但是，因为东北离广州比较远，又是刚成立的分厂，有多少人愿意过去都还不确定，该怎么激发他们的积极性并且实现人员的合理流动呢？而且，对于新建的工厂来讲，开始阶段更需要尽量多一些公司内部培养的人才，来保证内部文化和体系的建设。同时，公司对新旧厂房之间的人员流动还没有制定相关的制度。

崔世波在心里琢磨着，不久构建的研发系统的横向晋升发展机制，可以实现研发系统与其他两大系统之间的人才横向流动，不过这种方式是实现人员的横向晋升，可以解决这类新旧

厂房之间的人员向上晋升调派问题，但不能解决平级调动问题。据自己了解，现在越来越多的企业已经在企业内部建立人才横向流动机制，那么我们也可以学他们在全集团层面上建立人才横向流动机制。人才的需求总是会在业务快速增长的地方产生，因此人才也要进行相应流动，那么公司这次需要建立的是基于业务牵引的人才横向流动机制，这样才可以解决随着业务发展不断出现的人员流动问题。

崔世波想清楚之后，给分管生产供应链的副总裁王总打电话约见面谈。在小会议室里，崔世波展示了这次的沟通主题"建立基于业务牵引的人才横向流动机制"，还特别把"基于业务牵引"这几个字突显出来。王总顿时被吸引住了。

崔世波并不急于抛出自己的观点，而是举了两个仓库调用货物的比喻："比如我们有两个仓库，当其中一个仓库货物不够了，我们会建立一个调用机制，及时从另一个仓库调用货物过来满足客户的需求。同样，集团内不同业务单元的人才流动也可以如此。"借着这个比喻，他接着介绍建立基于业务牵引的人才横向流动机制的意义。

知识小分享：建立基于业务牵引的人才横向流动机制的意义

在一些大型的集团中，每一个子公司或者业务单元都需要自负盈亏并拥有自己的人才培养体系，任何一个子公司培养的管理人员或高级专业人员数量恰好满足实际需求的概率是相当低的。这就导致一些公司会出现人才过剩,而另一些公司则可能人才匮乏。但是,如果将这些分散的人才供给计划整合成一个整体计划,也就是说鼓励人才在集团内横向流动,一些公司的人才过剩就会与其他公司的人才匮乏相抵消,帮助整个集团范围内实现无时差的及时供给。

(资料来源于《人才供应链管理模式》)

"因此,基于不同业务单元的业务需要来横向流动人才,这样我们就盘活了集团整体的存量人才库,以解决未来岗位空缺的内部及时补给问题。像我们目前,就需要解决东北新厂的岗位空缺问题,而在未来,随着我们业务快速发展,海外营销队伍的构建更是需要这种机制来支撑。"说到这里,崔世波看了下王总,见他在沉思,有意停了停。

"目前有没有其他企业做过这方面的工作?"王总问道。

"我先举个广州王老吉药业股份有限公司和GAP公司的例子。"崔世波娓娓道来。

案例:广州王老吉药业股份有限公司的人才横向流动机制

广州王老吉药业股份有限公司在销售区域扩张的过程中,为了鼓励具有丰富销售经验和具有较强开拓能力的分公司经理到新兴目标市场进行市场开拓工作,公司内部采取一系列措施鼓励分公司经理在区域间进行横向流动，如提供各类调派津贴，在调派目的地提供良好的生活设施，在进行业绩考核时不单纯考虑销售额，还重点考虑区域开拓难度系数、销售业绩增长情况等，从而促使在现有岗位具有卓越表现的人员愿意接受公司横向调派的安排，甚至主动到新兴目标市场充当开荒牛的角色，确保人才的内部补给满足企业业务发展的需要。

> **案例：GAP 公司的人才横向流动机制**
>
> GAP 公司是美国最大的服装零售商，公司会根据经营业绩的实际状况来进行零售店铺的调整，这使得公司的人才需求变化非常大。为了最快地配合店铺的开张或关闭，这家公司最大程度上鼓励人才的横向流动，在公司内部招聘跳槽不用经过上级批示等烦琐的手续，某些特殊的岗位甚至还能够享受"流动补贴"，这极大地提高了员工的积极性，加速了内部人才的流动，也很大程度上解决了内部人才供给的问题。
>
> （资料来源于《人才供应链管理模式》）

崔世波这次深入浅出，案例与理论相结合的交流让王总疑难尽去，在他的大力支持下很快就说服周董和相关高层人员同意建立基于业务牵引的人才横向流动机制。

如何处理落选的员工

对于人才横向流动的形式，从时间上分为两种：一种是短期借调机制，一般在一年以内，这种机制适用于新业务、新区域开拓时项目制的任务；一种是长期调派机制，一般在一年以上，需要长期驻扎当地。从内容来看，人才横向流动机制一般都涉及人员的平级调动和向上晋升调派。

> **知识小分享：短时借调机制**
>
> 短时借调机制指高精尖专家的跨区域借用。为了满足企业跨区域的快速发展，在有些领域，掌握高端技术的人才非常少，而且很可能在本地缺乏相应人才，可以通过共享全集团人才资源，将稀有人才借调到当地工作，直至项目完成。
>
> （资料来源于《人才供应链管理模式》）

接下来，崔世波和下属一起讨论了人才横向流动机制的相关制度、流程和相应的激励政策，关键是激励政策以及这次东北新厂人员内部招聘的标准和方法。

同时，崔世波想到，对于晋升调派这种情况，如何处理好落选的员工，对于企业的稳定是至关重要的。毕竟内部招聘只招少数的优胜者，对于落选的员工，如果处理不当，很可能会造成人才的流失。

> **案例：广州王老吉药业有限公司处理落选员工的做法**
>
> 在王老吉内部，有一个与领导共进午餐的约定，内部招聘结果出来以后，员工无论胜败都将与企业的管理层一起吃一顿午饭。企业老总将通过这次机会给予员工适当鼓励，并确保参加选拔的员工档案已经进入企业内部的人才库，在接下来的工作中尽量提供符合员工需求的培训，使员工感受到企业对他的重视，拉近员工与企业管理层之间的距离。这样做不仅可以最大限度地体现企业内部相互关爱的人文精神，同时加强员工的凝聚力，使企业内部的人才运用始终处于一个良性的发展过程。
>
> （资料来源于新华网）

不久，一个针对东北新厂内部招聘的"招贤榜"通过广告和电子邮件在整个生产供应链系统宣传开来，这次的内部招聘涉及东北新厂的多个关键专业岗位和管理岗位。"招贤榜"一出，一时间引起大家的广泛讨论，特别是相关的激励政策和发展平台更是吸引了大家的眼球。不出崔世波所料，这次生产供应链系统的内部招聘效果特别好，大家纷纷报名参加。到了十月东北新厂正式投入生产的时候，关键岗位人员都已经基本到位。而对于落选的人员，由于采用了比较好的处理方法，一时间新旧工厂的各项工作都在顺利有序地进行着。

本章总结

一、研发人员晋升发展体系设计原则

1. 拓宽通道，保留优秀人才

增加专业晋升通道，解决因管理岗位有限，员工难以在公司内部得到晋升而流失的问题。

2. 鼓励专业沉淀

在研发系统的关键职位序列设置五个晋升级别，在配以宽带薪酬的基础上，鼓励更多员工在同一级别内的专业精进，降低晋升压力，抬高职业天花板。

打通横向发展通道，为研发人员在同一级别跨专业的发展提供可能，有利于综合人才的培养。

3. 前松后紧，符合人才需求

研发人员在较低层级时往往对快速发展的需求较高，因此在晋升条件的设计中，在资深层级以下层面人员的晋升条件更为宽松,在资深层级及以上人员的晋升条件则更加严格。

4.考虑绩效,体现业绩导向

在晋升预算名额的分配中考虑各个不同单位的业绩表现,总体业绩表现优异的单位可以获得更多的晋升预算倾斜。

个人晋升以绩效得分和能力评估为条件进行筛选,通过综合得分排名确定可选的晋升人员名单。

5.机制灵活,降低实施风险

晋升管理委员会作为评定员工晋升的最高权力机构,通过综合考虑当年薪酬预算、组织发展要求等因素确定最终的晋升人员名单,保证年度晋升的人数和预算符合企业实际和发展要求。

预留特殊晋升通道,针对快速发展的研发主体确定快速晋升的审批制度。

二、建立横纵向人才流动机制来促进公司内部人才的合理流动,盘活公司内部人才库

企业可以建立内部流动的机制来帮助内部消化,达到更有效的匹配。

事实上,为了降低人才预测与实际之间所存在的"不匹配成本",越来越多的企业在内部建立人才横向流动的机制,这也决定了他们所培养的雇员需要具备广泛、综合的能力,能够胜任更加广泛的岗位要求。

05 让复杂的事尽量简单化：人才管理精细化

第一节　创新：团队组合最优化

经过一年多的忙碌，慕澜集团的各项人力资源体系按照预定的计划正在持续搭建当中，大部分人力资源体系已经初具规模。2013年的6月初，当职业发展管理机制建设项目到了最后阶段的时候，崔世波再次站在窗前，眺望远处，回想起几天前在汇报研发系统晋升管理制度时和周董的对话……

"世波，过去一年多辛苦你了，取得了很不错的成绩呀。"

"哪里，哪里，多亏了周董您的支持，我会继续努力的。"

"嗯，不过接下来，我希望你能做得更细一些，把我们的管理搞得更加精细化。"

"我也有这样的想法，现在研发系统的职业发展管理机制建设已经到了最后阶段了，接下来我准备进行团队技能矩阵的构建和推广，这是一个更加精细化的管理工具。"

"技能矩阵？给我大概讲一下吧。"周董很感兴趣地看着他。

"这是一种团队建设的工具，使用这种工具的目的在于弄清某个角色或小组为了达到团队要求的工作成果需要掌握的知识和技能以及能力素质。根据当前及将来的工作需要，决定所能完成的任务以及由谁去完成。这种工具实际是用来优化团队组合，实现最优配置，明确团队人员培养的规划。"

> **知识小分享：技能矩阵**

技能矩阵（Skill Matrix）：

是一种团队建设工具；

目的在于弄清某个角色和/或小组为了达到团队要求的工作成果需要掌握的知识、技能以及能力素质；

是进行技能需求评估的基础；

根据当前及将来的工作需要，决定所能完成的任务以及由谁去完成。

技能矩阵的作用：

明确团队成员所必需的知识技能项目，从而确保业务的需求得到满足；

盘点团队成员的实际技能水平与需求之间的差距；

明确对团队成员的培训和发展重点；

帮助团队成员明确个人技能提升的机会。

"团队组合最优化，这怎么说？"

"举个例子，比如一个部门要完成部门工作所需要的能力有20项，那么其实不是每个人都需要具备这20项能力，只要有人具备这20项能力就可以保障团队完成这项工作了。那么未来我们通过技能矩阵去盘点团队的技能达标情况，就可以更加有针对性地制订培养计划，而不是把每个人都培养成通才。过往那种全年培养的方式，一来浪费资源和成本，二来培训的效果也不见得好。而且我们公司目前处于战略转型阶段，需要用更加灵活的方式去补给员工所需能力支撑业务发展，那么这种针对性的培养规划就能更加有效地达到这样的效果。"

"这个确实很好，很适合我们目前的情况，那这个工作你打算怎么开展呢？"

"我的想法是先找个部门做试点，然后再在其他部门推行。试点搭建大概需要两个月的时间，然后在全公司推行并完成，大概需要 1 ～ 2 年的时间。"

"很好，放手去做吧，不要有什么顾虑。"

一阵敲门声传来，把崔世波带回了现实中，原来是培训经理姚兵来了。一个月前，崔世波就把技能矩阵相关的资料发给姚兵看了，也抽空给他进行了详细讲解，让他对技能矩阵事先有个深入的了解。于是，崔世波把技能矩阵构建和推广的工作交给了姚兵，并和他一起规划了工作方式和计划，要他先以人力资源部门为试点进行技能矩阵的试点，随后再在全公司推广应用。姚兵欣然接受了这个任务，一回到办公室便开始组建技能矩阵工作小组，带领着几个人事专员风风火火地开始了人力资源部门的技能矩阵搭建工作。

工具小博士 30：技能矩阵构建流程

企业通常按照以下步骤，搭建技能矩阵（见图 5-1）：

注意事项：技能矩阵适合相对稳定的组织应用，同时技能矩阵在一个组织里面推广模式应该是分阶段推广，先从固定的小组或者部门开始推广，然后到项目小组。

工作步骤	内容描述	完成时间要求	注意事项
步骤一：准备工作	・选取试点岗位/部门，准备搭建技能矩阵 ・分析公司业务对岗位的新要求，并回顾岗位现在的工作开展情况，明确后续的提升重点	—	・技能矩阵的应用很广泛，必须先粗后细，然后逐步完善，动态调整 ・公司和部门层面需要有专人来跟踪这个体系，否则会流于形式 ・部门/团队负责人对技能矩阵结果负责
步骤二：搭建岗位的技能砖	・分析工作职责/内容，推导需要的知识与能力 ・梳理该岗位开展工作，涉及的工作内容/职责 ・识别完成各工作步骤所需要的知识与能力要求 ・从岗位工作目标出发，分解需要的能力	1 个月	
步骤三：划分技能砖等级	・确定知识/能力的重要程度，对所有的知识/能力，按照"获取难易程度"和"组织内部缺失程度"划分为 3 个层级 ・针对"提升类"和"突破类"的每项能力，细化为 3 个小档	1.5 个月	
步骤四：实现技能砖与人员的匹配	・确定针对一个部门，每项能力达标人数的要求 ・制定该岗位的人员技能评价与认证机制，为之后动态的跟踪作好准备	1 个月	

图 5-1 技能矩阵构建流程

"姚经理，我们现在是要开始做什么呢？"专员小王问道。

"这次技能矩阵的搭建其实是基于技能项梳理出知识、技能和能力要求，再把技能项转变为岗位所需的技能砖，从而盘点团队每个成员的技能达标情况，为未来人员培养提供有针对性的建议，优化团队组合。所以前期的准备工作和之前在研发系统职业晋升通道中进行技能项梳理是一致的。我们先收集一些材料，比如列出组织的每个角色，对组织过往失误的分析尤其是由于技能不足造成的失误，组织关键绩效指标成果总结及分析，来年组织目标、新的行动计划和工作部署等。"姚兵说道。

"经理，我想问问技能项和技能砖的区别是什么呢？"小李问道。

"好问题，"姚兵点点头，笑着回答道，"技能砖实际是由技能项转变而来的，一般是将相同难度、内容相近的技能项划归为技能砖。当有新的业务要求带来的新的技能要求是属于技能项，但一般一段时间后，这些新的技能项又会被归类到技能砖中去。"

> **知识小分享：技能砖**
>
> 技能砖（Skill Block）是由工作职责和内容推导出来所需具备的知识技能和能力的技能项（Skill Item）转变而来的。
>
> 将技能项（Skill Item）转变为技能砖（Skill Block），其转变标准如下：
>
> 相同难度、内容相近的技能项划归为技能砖。

每个技能砖至少需要一年的学习和实践期才能掌握。

同一级别的技能砖难度类似。

对从业人员进行技能盘点,并制订发展计划。

于是技能矩阵小组成员花了三天的时间收集了相关信息。这一天大家又聚在会议室里一起进行技能项的梳理工作。

"好,我看到大家收集的资料都比较全面,下面我们可以开始梳理技能项了。之前在研发系统职业晋升通道搭建工作中已经梳理过了技能项,也给大家做过培训,所以谁来给我说说制定部门所需技能项目的根据是什么,还有如何分类?"姚兵问道。

"首先要根据公司的经营发展目标对选定部门的要求,然后是部门组织结构职能设计的要求。"小王抢先回答。

"还有过去的工作失误和新工作的要求。有三类,分别是公司通用项目、专业通用项目和岗位通用项目。"小李补充道。

> **知识小分享:确定技能项的根据和分类方式**
>
> 制定部门所需技能项目的根据:
> 公司的经营发展目标对部门的要求;
> 部门组织结构职能设计的要求;
> 过去的工作失误;
> 新工作的要求。
> 部门技能项目分类(可按实际需求调整):

按组织结构可以分为公司通用项目、专业通用项目、各岗位技能；

按小组项目可以分为小组通用项目、各成员技能。

"很好，看样子大家都记得很牢，没错，我们制定部门所需的技能项目就是按照公司业务、架构、过去和未来工作的要求等列出各类别下的技能项目。小李刚才说的分类实际是按照组织架构的方式划分，其实还有一种方式是按照项目小组分为小组通用类和各成员技能划分，这种划分方式主要适用于一些灵活的项目小组。"姚兵说道。

于是大家在姚兵的指导下，一会儿就完成了人力资源部门技能项目的梳理（见表5-1）。"接下来我们需要根据这些大的技能项进行细化的分解和梳理。这次的梳理和细化是以岗位为单位，需要把我们部门每个岗位的技能项梳理出来。比如拿绩效薪酬岗位来说，我们需要分析岗位的工作内容、目标，推导出所需的知识技能与能力要求。"姚兵说。

表5-1 人力资源部门技能项目梳理表

项目大类	技能项目
公司通用项目	清楚公司宗旨理念、价值观
	清楚员工手册内容
	公司核心能力

（续表）

项目大类	技能项目
该专业类别骨干人才队伍通用能力素质	计划执行与总结能力
	细致度
	人际影响力
	持续学习能力
绩效薪酬专员（岗位）	实施绩效考核的能力
	薪资计算能力
	薪酬管理办法拟定
	部门职能说明书及岗位说明书的更新维护
……	……

于是几个专员各自进行着岗位技能项的搭建工作，突然，小王指着绩效薪酬岗的知识/技能项（见表5-2）不解地问道："姚经理，这个知识技能与能力有什么推导的原则吗？是穷举吗？我担心我列举的不够全面。"

表5-2 绩效薪酬岗技能项/砖分解表

岗位名称	工作职责/内容	工作类别	工作步骤	知识/技能	能力
绩效薪酬岗	实施绩效考核的能力	绩效管理类	• 根据绩效管理制度设定绩效考核表单 • 绩效考核的跟踪反馈 • ……	• 绩效管理制度 • 档案管理知识 • ……	• 细致度 • 沟通协调能力 • ……
	绩效管理相关制度和流程的拟写				
	薪资计算能力	薪酬管理类			
	薪酬管理办法拟定				
	……		……		

"呵呵，问得好。"姚兵轻拍了一下小王的背，说道，"我们并不需要穷举出所有相关的知识技能和能力要求，而是要先识别出完成工作内容以及工作步骤所遇到的核心挑战是什么，然后根据完成和解决挑战的典型行为描述中提炼所需知识技能和能力要求就可以了。最后我们再将相同类型的技能项归为一类转变为技能砖。"

"哦，这样啊，那我就明白了。"小王恍然大悟地说道。

两周后，姚兵看着大家完成的人力资源部各个岗位的技能砖分解表，欣慰地说道："好，我们这个技能矩阵构建的工作目前已经取得很不错的成绩了。那么接下来我们要做的事情就是将技能砖进行等级划分。"

"经理，这个技能砖为什么要划分等级呢？不是识别出来就可以了，然后再根据这个表盘点一下团队的达标情况不就好了吗？"小李问道。

"呵呵，不是这样的。你看，其实每个岗位的技能砖有那么多项，但并不是每一项都要求精深，会有程度的差别，有的属于基础类，是开展工作的门槛条件，有的属于提升类和突破类。就拿绩效薪酬岗位来说吧，因为工作中需要进行绩效考核和反馈，那么绩效管理制度等就属于门槛类的要求，如果你连公司的绩效管理制度都不清楚，如何开展工作呢？"姚兵耐心地解释道。

"哦，原来如此，是很有道理，那我们究竟怎么进行等级划分呢?"小李接着问道。

"我们一般会根据获取难易程度和组织内部缺失程度将知识技能和能力划分为三个层级,也就是基础类、提升类和突破类。"姚兵说。

由于技能砖等级划分之后还有一个工作就是确定专业人员的达标人数,所以技能矩阵搭建项目小组又花了三个多星期的时间进行各个技能砖的等级划分以及达标要求的梳理和确认工作,这期间崔世波也多次参与他们的讨论和确认会议。

工具小博士 31:技能砖等级划分(见图 5-2)

• 确定知识/技能/胜任素质的重要程度,对所有的知识/技能/胜任素质,按照"获取难易程度"和"组织内部缺失程度"划分为 3 个层级

• 针对"提升类"和"突破类"的每项能力,细化为 3 个小档

• 针对所有知识项,与"基础类"的能力项,不再细分小档

层级	知识	能力	能力分档	
A：基础类 （工作开展的门槛要求）	……	A1 电脑和办公软件操作 A2 熟练掌握 BBOSS 系统的使用操作	/	
B：提升类 （胜任岗位工作的要求）	……	B1 分析策划能力	B1a	根据已掌握的信息分析挖掘出客户真正的需求，但不能独立拟定完整的拓展方案
			B1b	根据对客户需求的正确理解，独立拟定合适的拓展方案
			B1c	根据客户特点，引导挖掘潜在需求，并制定有针对性的拓展方案
C：突破类 （实现卓越开展工作的要求）	……	……	……	

图 5-2 技能砖等级划分

这一天，崔世波刚好在会议室内和大家进行技能砖等级划分以及达标要求的最后一次确认会议。全部确认之后，崔世波说道："呵呵，不错，这段时间辛苦大家了。这个项目到了这里就进入了最重要的冲刺阶段了，接下来的就是员工技能水平评估和认证的环节了。姚兵，你打算怎么安排评估呢？"

"我想一些基础知识和专业知识就采用书面考试，能力水平方面就用关键行为事件访谈的方式去评估，主要是关注行为是否在工作中出现。您看这样可以吗？"姚兵回答道。

工具小博士 32：确定专业人员达标人数的要求（见图 5-3）

通过以下几方面的要素，来确定组织需要掌握该项技能的人数。

遵循的原则

1. 员工级别越高，需要掌握能力的难度越大。
2. 确保组织目标能够顺利达成。
3. 适当储备具备稀缺能力的人才。
4. 平衡组织培养成本投入与业务产出。

1. 能力难度要求与员工级别相对应

示例：客户经理群体的人数分布

晋升级别	人员参考比例	需要关注的能力层级
五级客户经理	0~5%	提升类 B，突破类 B
四级客户经理	0~10%	提升类 B，突破类 A
三级客户经理	10%~30%	提升类
二级客户经理	45%~70%	提升类
一级客户经理	5%~20%	基础类，提升类 A

2. 确保组织目标顺利达成

状态	达标人数占比
该工作能够按时开展（min）	60%
该工作能够按预期开展（target）	75%
该工作能够按圆满开展（max）	80%

3. 适当储备稀缺能力的人才

状态	储备人数占比
能力稀缺程度（H）	30%~40%
能力稀缺程度（M）	15%~25%

图 5-3 确定专业人员达标人数的要素

"这些方法可以，也比较适用于我们选出来的技能砖评估。如果现在要准备考试和行为事件面谈，你估计需要多长时间可以评估完成？"崔世波问道。

"这个，准备考试的材料以及组织考试和面谈可能会需要两个月的时间。"姚兵回答道。

崔世波点了点头，说："那盘点结果出来需要多长时间呢？你预计我们部门的技能矩阵工作能在几月份完成呢？"

"这……可能需要到年底了。"姚兵有点语塞,"对不起,崔总,我没考虑好时间的问题,项目到目前为止已经花了一个半月的时间了,原定是两个月时间完成的。那现在应该怎么办呢?崔总,您看我们怎么处理呀?"

> **知识小分享:如何确定每项能力认证方法和周期**

选择员工技能水平的评估方式(见图5-4)。

	准确度比较	成本相对性	适合的考察项目	关注重点
面试	10%	低	基本信息了解 口头表达等	
书面考试	20%~30%	低	基础知识 专业知识	衡量学员的学习效能
关键行为事件	60%	中	能力水平	学习的新行为是否在工作中出现
评价中心	>60%	高	能力水平	

图5-4 选择员工技能水平的评估方式

通过以下几方面因素的考量,确定每项能力的认证方法及周期(见图5-5)。

遵循的原则:

1. 对于知识的掌握程度,以考试为主。

2. 充分发挥部门/项目负责人的作用。

3. 针对复杂的能力,关注评价能力运用后对组织产生的积极结果。

4. 不定期地认证，定期地回顾。

❶ 通常情况下，考试可以关注的内容　❷ 充分发挥部门项目负责人的作用

- 竞争对手情况
- 国家法规政策
- 行业惯例

- 公司制度与政策
- 相关业务流程
- 公司企业文化要求

核心内容	描述
项目分派	根据能力缺失情况及人员达标要求，指定用于考查能力水平的行动项目
监督、考查	承担行动项目的项目总监，关注项目进展与动态
评价、认证	以客户经理为例，以主要评价人认证3级（及）以下员工的能力达标情况

图 5-5　确定每项能力的认证方法及周期

"你也不用担心，其实我们可以采用上级评估的方式进行初次盘点，因为技能矩阵是一个动态的评估工具，需要时时更新和维护，并不需要一开始就全部完善到位。毕竟我们的盘点结果是为了公司的未来，关注的重点应该是哪些领域需要提升，所以对于评估工具的选择准确性不会像晋升选拔那么高，不过未来还是需要逐步达到这种准确性的。但是目前公司处在快速发展及转型阶段，需要更多的灵活性，我们的培养也需要更加有针对性和及时性，这才是我们搭建技能矩阵的目的。所以不需要在一开始就追求完美，那样会导致忘记了我们真正的目的。"崔世波耐心地说道。

"对，您说得太对了，那我们用上级评估的形式应该可以在一周内完成盘点了。我建议可以采用研讨会的形式，比如基层岗位，我们几个经理和您一起开会讨论，您看怎么样？"姚兵说。

"可以，集体讨论确实是一个很好的评估手段，尤其是对员工的能力素质和专业技能有一个动态的了解，同时在准确度和成本上都相对可以接受。"崔世波赞同地说道。

工具小博士 33：集体讨论

针对复杂的能力项目或高级别的人员群体，集体讨论是一个有效的个人能力评估手段，可以对员工的领导素质以及专业技能作一个动态了解。

知识小分享：确定每项能力认证方法和周期（见图 5-6）

集体讨论形式可以有效了解被议人员的各个方面情况，而非静态印象。在讨论中，不仅关注业绩指标也同时关注完成业绩的原因及方式，从而客观评估个人能力。

集体讨论开展形式：
参与人员（最好四人）
- 直属领导
- 业务往来的业务部门领导
- 更高层领导
- 主持人（人力资源部门主持）
  - 需要营造良好沟通氛围，引导讨论通过提问和举例打开与会者思路
  - 会议开始时，说明会议背景、目的和原则
  - 每位与会者都应该谈被议人员优点

• 重点
-讨论目的不是分析此人应该具备什么素质及技能，而是找出此人已经具备的素质及能力
-重点是促使与会者深入分析，尽可能多地找出此人的优点

• 注意
讨论中如果暴露出此人的某些缺点，切记要实事求是，应该在特定职务的背景下考虑，否则就会因为这个缺点把他从培养对象中剔出

图 5-6 确定每项能力认证方法和周期

接受崔世波的提议后，姚兵便开始组织人力资源部门所有

经理和崔世波一同对部门内所有人员进行技能矩阵的盘点讨论会。一周后，人力资源部门的团队技能矩阵便全部完成。

这一天，姚兵拿着人力资源部门的团队技能矩阵盘点结果表（见表5-3）和崔世波一起探讨技能矩阵的结果应用。

"崔总，您看，我们部门的团队技能矩阵表已经弄好了，接下来我们怎么应用呢？是根据这个表去制订每个人的培训计划吗？每个不达标的人都培养？"姚兵问道。

"针对每个人制订培养计划并不是技能矩阵的真正用意，技能矩阵是用来优化团队组合的。比如说，我们可以知道未来某项工作可以指派哪些人去完成。另外还需要特别关注部门技能达标率，例如一般我们会要求部门技能达标率至少要大于或等于60%，这是一个基本监控指标，如果低于这个数字，说明这个团队可能有无法达成目标的风险，那么就需要立即制订相应培训计划，提升团队能力，保证业绩的达成。"崔世波接着说。

表 5-3 人力资源部门的团队技能矩阵盘点结果表

领域		要求		现状	团队成员					团队
		基本要求	最高要求	实现基本要求%	邓建国	周远生	余小君	王帅	曹微	实际技能水平
知识	绩效管理制度	5	5	100%	5	5	4	5	4	5
	档案管理知识	2	4	0%	4	3	3	3	3	0
	……	……	……	……	……	……	……	……	……	……
技能	项目管理	3	5	33%	3	4	4	3	4	1
	Office技能	3	5	0%	5	4	5	4	5	0
	……	……	……	……	……	……	……	……	……	……
能力	细致度	4	5	0%	4	4	3	4	3	0
	沟通协调能力	5	5	20%	4	3	5	4	4	1
	……	……	……	……	……	……	……	……	……	……
个人技能总要求		45	52		11	13	11	11	11	36

模块：实际能力水平　　数字：目标能力水平

- 没有参加培训
- 需要额外的训练
- 达成目标要求
- 3 可以与他人共同完成
- 4 可以独立完成
- 5 可以培训他人

技能矩阵盘点表说明：

技能达标数量：针对某一技能，矩阵内涂"灰色"的模块数量

实际技能水平：针对某一技能，等于"队伍的基本需求"与"技能达标数量"两者中小的数值

确定技能达标率：

部门技能达标率 = 部门实际技能水平/部门基本需求 × 100%

个人技能达标率 = 本人项下涂"灰色"的模块数量/ 所有线条及颜色填充的模块数量

"好的,我明白了,就是说我们其实更多的是关注部门的技能达标率,从而制订培训计划以保证组织有完成目标的能力,而非针对个人制订培养计划,是吗?"姚兵问道。

> **知识小分享:技能矩阵的监控和维护**
>
> 技能矩阵的三个监控指标:
>
> 建立并应用技能矩阵的专业骨干人才队伍占公司所有队伍的百分比;
>
> 各专业骨干人才队伍技能目标的达到率,即本年度各专业骨干人才队伍技能目标的达到率≥60%,本年度员工技能目标的达到率≥60%。未达标技能模块中制订了相应培训计划的比例。
>
> 技能矩阵的定期维护:
>
> 经过培训技能得到提升后,每月修改矩阵中相应的技能达标状态;
>
> 技能矩阵的技能项目/部门需求应每年根据业务的需要调整。

"也对,也不对,我们制订培养计划并不是为了把每个人都培养成全才,那样就失去了技能矩阵的意义,像我们公司处在快速发展转型期,需要快速补给核心力量支撑发展,所以有限的资源必须用在刀刃上。对于个人而言,技能矩阵可以是他们自己未来发展的指引,根据技能矩阵的盘点结果弥补自身的不足,更加明确地提升个人能力。"崔世波说。

"除了部门技能达标率,一般来说技能矩阵的应用还会关注另外两项监控指标,一个是建立并应用技能矩阵的专业骨干人才占公司所有人员的百分比,一个是未达标技能模块中制订了相应培训计划的比例。另外技能矩阵的使用是先粗后细,需要动态调整,所以对于技能矩阵的维护和更新也是一项很重要的工作,未来你在其他部门的推广中也需要特别指定一个技能矩阵的负责人,负责技能矩阵的更新维护,只有这样这个工具才能真正起作用,而非流于形式。"

"嗯,好的。"姚兵回答道。

之后姚兵带着技能矩阵工作小组成员花了两年的时间将技能矩阵在集团中全面推行开来……

第二节 激励:谁,什么,怎么做

转眼到了8月中旬,正是广州最闷热的时候。中午吃完饭,崔世波和几位总监一起进了电梯回公司。

"对了,好像周董昨天回来了。"

"是呀,周董最近到处飞,在忙着筹备公司上市的事情吧,好像说准备两年后在A股上市,听说已经见了好多资本市场的人呢。"

"嗯,好像听说还想搞长期激励计划呢。"

"好像是吧，听说一般公司搞上市都搞这个东西，也不知道我们公司到底会不会做呢？"

"对了，世波，你有没有听说这件事情？"突然有人对着一直默不作声的崔世波问道。

"啊，这个，我不清楚，还没听说。"崔世波虽然这么说，但是想到等下周董要见他，也不免心里嘀咕起来：昨天晚上周董回来就给打我电话说今天下午要和我谈谈关于上市和激励的问题，会不会是这件事情呢？

叮咚，33楼到了，崔世波旋即走向周董办公室。

"周董，我来了。"

"好，世波，快来，这边坐吧。"周董看上去精神很好，满面红光的样子，上市的事情应该谈得不错。

"世波，我今天找你来，是想跟你说说我们公司上市的事情。"

"嗯，您说。"

"是这样的，我最近和很多资本市场的人聊天，了解上市准备的事情。他们都问我是不是要做长期激励计划，我觉得大家都跟了我这么长时间，有些东西是要共享的，再说这个是资本市场买单，我在考虑是不是也弄一个计划呢？但是我对这个不是很了解，所以我想问问你的意见，不知道这件事情你是怎么看的？"周董开诚布公地谈了起来。

"一般企业上市前都会做一个长期激励计划来实现财富的共享。到底要不要做这个东西以及到底要怎么做，其实还是有很多考量因素的。"崔世波边思考边回答。

"先要看激励的目的是什么？总体来讲，国内民企激励计划主要有四个特征。分别是激励员工达成业绩目标，吸引核心人员，鼓励大家风险共担利益共享，最后是人员的保留，强化激励对象的归属感。"

> **案例：中国持续快速成长民营企业高管激励特征及典型案例**

特征1：激励——认可高层对公司业绩的驱动作用，对高层薪酬具有明显的倾斜性。

典型企业：某家电制造行业领先企业，一般员工的薪酬定位为市场25分位，高管层的薪酬定位于市场90分位水平，拉开差距，强化对高管的激励作用。

特征2：吸引——利用民营企业股权结构简单、分配灵活的特点，通过股权激励的差异化薪酬竞争优势吸引人才。

典型企业：某化工细分行业领先企业，通过业绩股票计划从相关竞争对手处直接吸引两名高管人员。

特征3：分享——通过建立与公司成长绑定的长期激励机制实现利益分享，风险共担。

典型企业：某运营地产行业领先企业，通过引入"虚拟股权"模式（现金型长期激励），使高管收益与公司业绩成长直接关联，避免因为短期收益损害长期利益的行为。

特征 4：留用——综合利用长期激励和特殊福利的"金手铐"作用，强化高管人员的归属感。

典型企业：某船舶制造行业领先企业，为保证高层人才的稳定性，为高管提供业绩股票＋补充商业保险福利计划。

听着崔世波的讲解，周董若有所思地点点头："很有道理，我们也是一样的。我们现在准备两年之后上市，所以现在我也想大家跟我一条心，一起努力拼上市。像研发方面还有一些岗位还需要继续加强，我也希望引进一些高端人才。过去因为缺了这个，好些人谈了之后都不来了。"周董看了看崔世波，继续说道，"你刚说的分享和留用，其实也是我想做的。你看，我们公司那么多老员工，都跟了我这么长时间，也该是时候和大家一起分享成果了，而且也希望能够稳定住现在的团队，最好大家齐心协力做事情。"

"嗯，理解，所以这样看来，我们可以设计一个长期激励计划。其实去年我刚来那会儿，我在规划工作的时候也想过动力体系的问题，只不过在那个时候动力体系还不是核心问题，所以暂时没有关注。但是现在公司准备上市，我们其实是需要进一步完善管理体系，通过这种激励计划的补充，完善公司治理，加强人员的保留和激励，才能保障公司的持续发展。"

> 知识小分享：完善长期激励机制是企业长期发展的必要保障（见图 5-7）

完善公司治理，进一步打造有"创业激情"的职业经理人团队
- 减少代理成本、完善公司治理
- 职业经理人与股东利益一致，风险共担、利益均沾

激励机制有利于支持企业经营战略实现，营造绩效导向的企业文化
- 倡导激励与价值增长密切衔接的绩效文化，帮助经营管理层平衡短期目标与长期目标
- 调查表明实施股权激励计划的公司长期业绩高于同行业平均水平的3%~7%

长期激励机制能够达到的目的

完善薪酬体系，合理化薪酬结构，市场化薪酬水平
- 长期激励作为重要的薪酬元素，其建立对整个薪酬体系能起到完善的作用
- 有利于人才的吸引、激励、留用，帮助企业在激烈的人才竞争中立于不败之地

增加投资者信心，获得资本市场认可和良好股价表现，利于进一步融资
- 机构投资者对长期激励倍加推崇
- 麦肯锡公司对全球 200 家机构投资者调查显示，机构投资者愿意为治理良好的公司股票支付20%~27%的溢价

图 5-7　长期激励机制能够达到的目的

　　崔世波顿了一下，接着说道："一般完善长期激励机制是公司发展的必要保障机制，它可以帮助公司打造有'创业激情'的团队；帮助完善薪酬体系，以利于未来的人员吸引、激励、保留；同时一般激励计划会链接公司长期业绩目标，帮助支持战略目标达成以及营造绩效导向文化；最后有一般长期激励计划的公司会增加投资者信心，利于进一步融资。"

　　"对，这就是我想要的，那么我们要怎么做呢？是不是让大家都有机会参与呢?"周董饶有兴致地问道。

"长期激励设计的核心,其实是解决三个问题,激励谁,激励什么以及怎么激励。"崔世波接着说,"从目前的状况来看,我建议我们的激励对象应该更加聚焦在核心高管人员,因为这个阶段更多的是激励业绩达成以及稳定核心团队。未来上市时点接近,预期明显之后,可以考虑再做一次激励计划,对象可以覆盖更广,达到财富共享的目的。至于怎么激励这就涉及很具体的东西,需要找专门的人来进行设计了。"

"好的,那你到时候找找人来做这个事情吧。"周董说道。

不久,崔世波便找了外部的咨询公司,按照公司的要求和激励目的设计了一份核心高管的长期激励计划……

第三节　危机:退休员工增多

2013年10月初,慕澜的东北工厂热热闹闹地开始投入生产了,前期挑选的人员已按期到位,大家的工作热情都很高,干劲儿十足。

品牌与研发方面,空降高管在"百天计划"的帮助下,也早度过了"蜜月期",开始步入正轨,"招兵买马"形成了自己的核心团队,带着自己最初的"工作规划蓝图",稳扎稳打地开始了各模块针对性强化工作。

以人力资源作为试点部门的技能矩阵梳理工作也基本告一

段落，技能矩阵项目推广小组秉着"缺啥补啥"的理念，开始根据项目整体规划，在全公司范围内进行推广，与各部门一起，展开了一场以各自团队组合优化为主题的"持久战"。

关于长期激励问题，也顺利通过内部立项进入了咨询供应商挑选阶段，长效动力机制也开始着手进行构建。

各项工作好像都在顺利进行着，另一方面，市场反应也相当热烈。

上月底，刚刚召开了集团上半年经营回顾会议，慕澜整体业绩相比去年同期上涨35%，目前，已经成功进入美国市场，初步站稳脚跟，销售量以每月5万瓶左右的速度在增长。国内市场整体销售业绩持续两个月保持国内护肤品行业第二名。

销量的快速增长，人员的快速增长，业务的快速发展都给生产供应、研发和销售带来了不小的压力和挑战，尤其是管理人员。

崔世波认为，是应该进一步细化和实施"君臣佐使"计划的时候了，也必须要着手解决人才梯队建设的问题了。通过它来搭建支持组织发展的能力体系，构建组织核心能力的供血机制，与同步已经开展建立的"动力"机制相匹配，只有这样，才能真正打通制约慕澜发展的"任督二脉"，建立全面的人才管理体系，从能力和动力两方面，构建支撑和落实企业发展"方向"（朝着国内化妆品行业第一名，逐步走向国外，布局欧美）的既定战略和经营目标。

还有一个不能忽略的关键是随着各系统退休员工的不断增多，对管理人员的挑战也越来越大。这些可能随时引发问题的"危机"，都预示着组织能力建设的刻不容缓，必须要开始着手对已经初步提出的梯队培养计划进行、完善和落实。

"加强推进！"崔世波暗自下定决心。

"君臣佐使"梯队培养规划完成

星期二的中午，崔世波找来培训经理姚兵，想好好聊聊人才梯队培训规划的细化问题。

在与姚兵讨论之前，崔世波看过了他提出的人才梯队建设规划，梳理了其中主要存在的几个问题，结合以前在BJ集团领导力发展梯队的经验，崔世波提出了几个需要注意的核心关注点。

"崔总，前天您发的邮件，我已经看过了，重新整理了人才梯队的培养规划，去年年底的时候虽然提出了这个规划，但只是一个初步的框架，在那之后还没有跟您仔细讨论过。您刚来也比较忙，而且总有其他的事情要先解决，所以这件事儿就被放下了。在制定规划的过程中，我也查阅了一些相关资料，看了一些企业实际的培养规划，这两天，我对它进行了一次细化，正好今天借着机会，跟您好好讨论讨论。"姚兵先解释道。

崔世波说："嗯，没事儿，这半年多的业务发展超过了所有人的预期，我们也没有预料到这半年会因为'汉方中草药'的盛行，公司业绩会带来这么突飞猛进的增长，这大半年来各系统都忙着应对进度，也没有关注人才培养的问题。上个月我们开季度经营会议的时候，营销和生产供应系统总监都提出业务快速发展，最近这半年人员增加了不少，现有各层级的管理人员的负担越来越大，说人力资源能不能赶紧抓抓，合格的管理人员越来越不够了，如果照着这么发展下去，在提拔管理人员上又得出大问题！

"记不记得去年的'邮件门'？这给我们提了个醒儿，得抓紧，去年把区域销售经理岗位做了，这次我想好好跟你说说这个事儿，赶紧落实一下。在你上次提出方案的基础上，好好修改修改，把整体框架体系搭建起来！"崔世波一方面表达了其他系统对各层级合格管理人才的迫切需求，同时，也说明了人才梯队培养这个事儿要赶紧提上日程，赶紧完成、落实。

"嗯，是是是。"姚兵点了点头，"这段时间，我也接了各系统提出的管理培训需求电话，还没来得及好好系统地整理、安排。正好，借着设计人才梯队培养方案的机会，跟您好好讨论讨论。"。

崔世波想起了去年姚兵一起参与了发展的项目，应该和咨询公司学了不少，就问道："我记得，去年那个区域销售经理的发展项目，你是我们内部的项目经理吧？和咨询公司的顾问团队有不少交流，应该也收获了不少人才培养理念吧？"

姚兵边听边点头，崔世波接着说："前两天给你写邮件的时候，我又重新翻看了之前听汇报时候的笔记，结合你现在提出的人才梯队培养方案，我给你提几点改进方向，你可以参考一下。

"在以往的人才培养上，我们做了很多培养课程，但是据我了解，培养效果不是很理想，而且大家都觉得培训课上那么多的理论知识，学完不用，之后就都忘记了。上次区域销售经理的培养方案中，顾问提出的一个理念我很认同——咱们一定要多注重培养效果，多考虑考虑在做中学的方式，'知行合一'才是我们真正想要的，知识一定要能转化成实际的行为才行。"

"好，上次做项目的时候，咨询顾问项目小组给我提供了一些企业践行这种模式实施培养时的具体案例，有些用了行动学习，有些用了轮岗，有些用了辅导，不过我记得看完之后，发现他们有共同点的，都是尽量少用培训课程，而且从效果来看，那些方式是更好的。因为通常我们做培训，想做效果很好的培训方案，但是最受限制的就是预算问题。但从这几种方式仔细看来，更多的是靠机制推动和激发人的积极性，基本不用非常多的成本预算，就能将所培养的知识让员工在实际工作中进行实践、练习和转化，这应该就是所谓的'知行合一'吧。"姚兵听着崔世波刚刚提倡"知行合一"和注重效果，想起了以往了解过的案例。

"没错，就是这个意思。对于这四个层级的管理者梯队在进行培养的时候，一定要注意一个问题，通常人们在接受培养发展的时候是有个过程的，在帮助四个层级的人员培养发展过程中，要以他们为核心，多考虑他们，想让他们改变，必须要让他们能够从理论上理解、意识到，然后他们才能从内心上改变、认同，最后才会转化成行动，展现相应目标行为。这就是培养发展所必须遵循的 3A 原则。不要为培养付出了那么多，到头来还是没有效果，只是因为没有关注逐渐改变的过程。"崔世波提醒道。

姚兵接受了崔世波的意见，并提出："在进行这次方案完善过程中，我觉得应该会更多地用到这种低成本、高产出的培养方式，这对我们来说可能更为有效一些。我在这次的方案里已经将四个层级的梯队人才标准理清了，现在跟您确认一下，如果没什么问题，那我接下来会和各层级部分绩优的人员沟通一下，看看哪些会成为未来培养的重点，哪些应该先培养。"

> **知识小分享：管理者培养的"3A"原则**
>
> 管理已经有了稳定的行为习惯和思维模式，促使其真正改变需要遵循"Awareness（意识）—Acceptance（认同）—Action（转化成行动）"的 3A 原则，即从理论角度帮助其理解改变，使其从内心接受改变，才会付诸行动。管理者能力的提升不能求快，而应花更多的时间在使他们内心真正接受、改变上，这样才能达到更好的效果。

姚兵又提到人才培养发展标准的问题。

崔世波打开一个 Word 文档，对姚兵说："昨晚我已经看过了，有几个地方我在说法上进行了调整，有三项指标我建议在不同层级上进行行为分级，进一步明确各层级之间的差异和衔接，你看这几个地方……"崔世波滑动着鼠标，指着自己改动过、做了标记的地方给姚兵看。

"好，那您把修订后的版本发到我邮箱，我回去修改之后，再来跟您确认一遍。"姚兵说道。

崔世波看了一下之前发给姚兵的邮件，好像还是有一个点忘记说了，"哦，对！小姚啊，还有个点忘记跟你说了，四个层级不是每个层级都有储备的人员吗，在设计他们的培养内容的时候，你要去和那些在岗的绩优人员多聊聊，看看哪些是岗位通用的技能，这些技能可以先进行培养，而且先培养的这些技能可能是在很多工作中都会用到的；至于那些上岗后才会用到的技能，等选拔上岗之后再进行培养。这样，我们的培养才是相对符合实际需要，又不会造成太多浪费的。你说呢？"

"好，我记下来了。我也觉得这对提升我们整个四层级梯队培养的效果以及效率非常有帮助。在和那些在岗人员进行访谈的过程中，我也会多注意，多搜集搜集大家的意见，来进行修订。"姚兵边在笔记本上记下崔世波的意见边跟崔世波说着。

姚兵梳理了需要更改的地方以及在方案设计上需要着重关注、加入创新的几个理念，跟崔世波确认过之后，就准备去修改了。临走前，崔世波还不忘提醒姚兵："小姚啊，这个事儿得抓紧，你多下下功夫，下周的这个时候，我再跟你讨论。这个方案，各大系统都比较重视，我们也得多费点心。"

一周后，崔世波和姚兵经过两次讨论和反复修改，在上次明确各层级培养内容的前提下，进一步明确了梯队培养方式的选择和整体梯队在搭建实施时的关注重点。独具慕澜特色的"君臣佐使"梯队计划已经初步形成了颇具执行性的培养实施方案。

经过各大系统分管负责人碰头开会，大家对于这个更加强调在做中学、强调有储备、有梯队的人才培养计划给予了很高的认可和评价，都希望赶快着手进行各层级储备人才的选拔，以更好地应对业务快速发展带来的管理人员缺口。

人才管理精细化

出身外企的崔世波，二十年的外企生涯让他明白流程机制明确为执行带来的巨大保障作用，所以，在整个人才梯队规划出来后，为了保证慕澜"君臣佐使"梯队培养计划真正落地执行，必须还要借助一整套完整有效的人才管理机制，充分调动各种角色的积极性，参与人才培养。

崔世波对人力资源部下属的几个部门经理发了等级最高的邮件，要求他们在一个月之内尽快和他讨论确定这次慕澜构建整体人才管理机制的相关事宜，并通过对总监和经理层级的两场宣讲会将此次人才梯队建设实施方案和配套的人才管理机制向他们进行宣讲，必须明确责任和角色分工，以便于尽快实施这个早就已经和高层级各大系统总监形成共识的梯队培养方案。以下几点必须注意，需要尽快讨论，形成相应方案。

第一，必须要高层的关注和参与，还有持续推动，要成立一个专门的人才管理小组来统筹协调这件事，让大家更加重视和关注人才培养问题，尤其是管理人才。慕澜未来必须要养成战略性人才回顾（STR）会议的习惯，阶段性地对四个层级的人才培养情况进行盘点回顾。

工具小博士34：STR（战略型人才回顾）会议

战略性人才回顾会议，又称STR（Strategy Talent Review）会议，是公司内部就人才策略性规划、盘点、发展等相关议题进行讨论和决策的综合性人才管理会议。

会议主要的议题主要围绕以下内容：

结合业务重点讨论确定"组织重点能力、重点人才及其获取途径（补给策略）"及下年度重点的人才管理策略实施方案；

结合公司年度的人才盘点结果确定新的组织架构和人员调整策略；

结合盘点结果讨论确定下一年度人才培养方案。

会议核心成果是公司总体层面的人才规划（含重点人才和能力的补给策略、架构及人员调整策略等）。

第二，形成从公司—部门—个人的培养发展规划，将个体的发展与组织及部门的发展相关联，为层层推动落实打基础。

第三，必须要在人才培养运作上，以及各模块上明确流程、机制和分工。

第四，引入审计，加强培养实施过程中的监督管理，确保规划落实。

最后，还要能化繁为简，形成突出个人的发展责任，组织者与参与者的分工、参与时间节点、参考工具以及每个节点的关键产出，便于组织与实施。

收到崔世波邮件的第二天，由培训经理姚兵牵头，招聘、组织发展等部门的几个经理早早聚集在一起，开始围绕人才管理机制的构建进行讨论。他们分工合作，发挥各自的专长，融合了崔世波的思想，提出了慕澜人才管理机制整体规划，以及慕澜"君臣佐使"人才梯队实施宣讲计划。

这大半年来，人力资源部下属各条线负责人的专业和能力都有了不少的提升，崔世波看在眼里，记在心里。这次他们几个通力合作提出的方案很快与崔世波达成了共识。邮件发出后的第三周，就分别通过视频和现场会议的形式，为研发、营销和生产供应系统的总监及总经理两个层级所有人员召开了启动会，并将"君臣佐使"慕澜"天使"人才梯队建设实施方案及培养发展手册发到了他们手中。

启动会上，周董、崔世波以及各系统从公司期望、人力资源部的职责使命以及各大系统负责人明确责任三个方面给予了不同的宣传，各位总监、经理对于在这个项目中的责任与重要性也有了进一步明确，大家都想积极参与，"成人达己"的文化开始在慕澜内部逐渐形成。

慕澜人才管理的整体机制体系

三大系统总监的大力支持，人力资源部各部门的协调合作，周董的不断重视和推动，上下联动，花了近一年的时间，在慕澜组织内部上下初步建立起与人才梯队建设相关的整套人才管理机制，并初步顺利地运转起来。

营销副总裁说："已经列入储备培养发展的这批人较好地补充了目前业务快速扩张所带来的营销管理人员缺口，而且他们在上岗之后，能在较短的时间内适应，开展团队和业务管理工作。华北区区内深耕拓展计划按照预期和业绩目标在走，根据目前的销售额统计来看，预计这季度的财报应该会很不错，多亏了这批人……"

生产供应副总裁也说："我们原来的产品生产线上，两三个生产管理厂长都到了要退休的年纪，本来我也挺担心的，这次从下面还真拔出来几个不错的苗子，我想短期内应该都不用担心用人问题了……"

研发副总裁也说："我这儿好几个岗位市场稀缺性很高，除了从竞争对手那里挖，用其他方式都比较难找到合适的人，很久之前，我也在思考，这些岗位怎么办？现在这个问题，我基本也从你的方案里找到了答案。三个月前，我们从下面层级的技术研究员里选拔了七个比较有潜质的人才，进行储备计划，根据岗位发展通道，已经为他们规划了未来的发展通道，也和他们沟通过，大家现在的积极性是高啊……"

其实，不光是这些高层的反馈，下面的员工也早就已经有所感受，这半年多来，公司对于人才的重视以及在发展过程中的每一步都能得到相应领导和制度的支持，不再像以前那样，没有任何规章，想做也不知道要做什么，漫无目的地自己瞎做了。

这套人才管理机制主要由五个部分组成，从组织、直接经理和培养发展对象个体三个层面，明确了各种组织机制、流程分工、责任等内容，确保人才管理和人才的供血机制能真正良性循环。

◇ 慕澜公司人才管理组织机构

这是为了统一管理慕澜未来不同层级人员的晋升、招聘和培养等人事管理工作，而设立的人才管理组织（见表5-4，图5-8）。

表 5-4 慕澜人才管理组织机构人员构成

组织机构	人员组成
集团人才管理委员会	集团总裁 + 各系统分管副总裁 + 集团 HRD
研发/生产供应/营销各系统人才管理委员会	各系统分管副总裁 + 各系统总监 + 集团 HR 人员
集团人才管理小组	总部 HR 相关人员 + 各系统总监
研发/生产供应/营销各系统人才管理小组	各系统总监 + 部门经理 + 各系统人事负责人

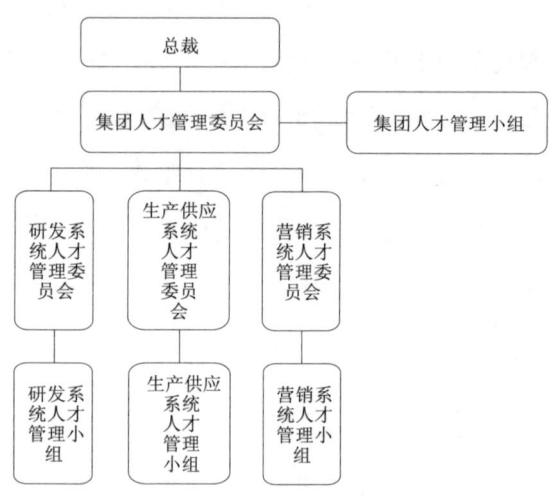

图 5-8 慕澜人才管理组织机构设置图

◇ 慕澜年度战略性人才回顾（STR）会议机制

　　STR 会议是慕澜就四个层级管理人才梯队专门形成的，由人事变更、人才补给策略、培养发展方案及人才管理策略等多个综合议题组成的讨论与决策会议（见图 5-9）。

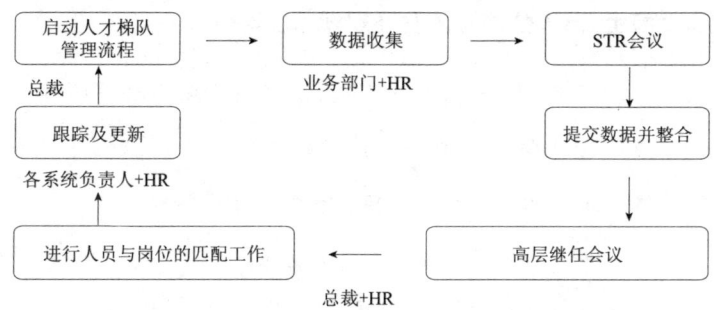

图 5-9 慕澜战略性人才回顾（STR）会议机制

◇ 慕澜从公司—系统—个人层层实施的发展规划

公司和各分系统层面需要完成综合性的人才规划，而承接公司及系统的发展规划而制订的个人发展规划，将发展与绩效相绑定，形成与直接绩效相关联的发展规划（见表5-5）。

表 5-5 慕澜人才培养绩效及发展计划模板

姓名	所属部门	当前职位名称	直接上级	发展方向	填写日期
能力优势： 1. 基于当前工作岗位中的优势 2. 基于发展方向的优势			改善空间： 1. 基于当前工作岗位中的改善空间 2. 基于发展方向的改善空间		
一、个人××××年度总体绩效及发展目标概述					
二、个人××××年度绩效目标达成与培养发展行动概览					
指标类型	目标	采取的措施/行动	所需资源（总部/区域）	可衡量指标	预计完成时间	跟踪评估方式
绩效						
发展						

工具小博士 35：公司人才发展规划（CDP）

CDP（Company Development Plan）基于公司的战略业务发展要求，结合当前人员及岗位现状，从公司整体的角度出发，经过 STR 会议产出的公司层面人才规划，涉及的内容主要有以下几方面。

公司所需的重点人才及重点能力：组织核心能力、关键岗位及核心人才明确。

公司组织架构调整：根据战略业务发展的实际需要，调整公司年度组织架构。

公司总体人才补给情况：根据人员盘点结果，分析现有人员及能力现状后提出的。

外部招聘的补给需求（主要是岗位及需要的人员数量）；内部人员晋升、转岗及淘汰名单。

公司人才培养规划：基于盘点结果和组织核心能力，识别人才培养内容的优先顺序，设计培养活动，形成公司年度培养规划。

工具小博士 36：各子系统人才发展规划（DDP）

DDP（District Development Plan）基于公司战略业务发展要求和分解到各系统的战略目标，综合当前各系统人员、岗位及能力的现状，从完成各系统目标的角度出发,经过子系统层面的 STR 产出的系统层面的综合性人才规划,内容主要有以下三个方面。

各系统所需的重点人才及重点能力:关键序列和关键岗位。

(根据人员盘点结果和公司组织架构调整的情况,分析现有人员及能力现状后提出的。)

各系统总体人才补给需求:外部补给需求(需要外部补给的岗位及人员数量);内部人员晋升、转岗及淘汰名单。

各系统人才培养规划:基于盘点结果,识别人才培养内容的优先顺序,设计培养活动,形成各系统的年度培养规划。

工具小博士37:个人绩效及发展规划(PDP)

PDP(Personal Development Plan)是个人绩效及发展规划,它通过上级绩效评估与绩效反馈面谈,获取目前能力素质的现状反馈,以此为基础,制订一系列有针对性的措施/改善行动,并进行阶段性反馈和改善,持续执行,是一种保证个人绩效及能力发展目标达成的有效方式(见表5-5)。

◇ **明确人才培养的整体运作流程,明确各个流程中的分工职责**

在整个人才培养运作流程中,分为发展规划、培养实施反馈和总结盘点三个阶段（见图5-10）。

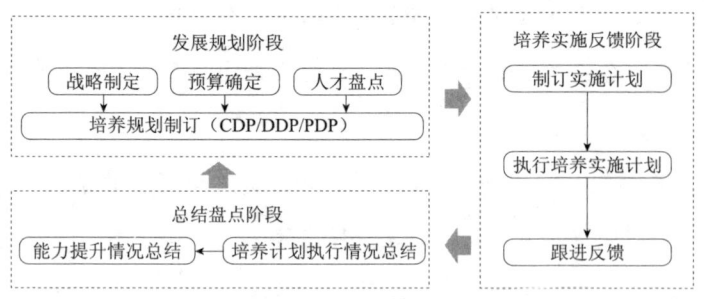

图5-10 慕澜人才培养三个核心流程

发展规划：以总体业务战略、薪酬、福利和培训等HR相关预算、人才盘点结果为输入，进行整体CDP/DDP/PDP的制订，以保证是在符合公司未来业务战略的前提下，进行整体人事调整、人事政策调整以及培养实施方案的制订。

培养实施反馈：按照PDCA循环，以公司发布的CDP/DDP为输入，制订可落实执行的培养实施计划，之后，在执行过程中，通过以季度为周期的回顾总结、直接上级反馈、及时改善（整体培养计划、个别培养方案及个人PDP）等方式强化过程中的跟进和反馈。

总结盘点：从年度培养实施计划执行情况和能力改善提升情况两个方面进行总结和盘点，准确把脉本年度培养的总体效果，同时，明晰当前人员能力与公司要求之间的差异，为下一年度培养规划制订做输入，从而形成良好地培养规划—执行—反馈—总结—评估—再规划—再执行的循环，通过过程中持续地审计跟进推动，监督执行以及不断优化和改善，不断促进培养质量的提升，为公司发展提供源源不断的高质量管理人才。

◇ **阶段性审计**

在培养实施过程中，为了能推进和监督执行过程，保证相关培养活动能落地实施，总部会阶段性进行审计（见图5-11）。

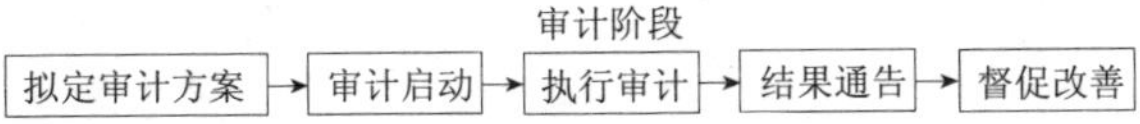

审计阶段

拟定审计方案 → 审计启动 → 执行审计 → 结果通告 → 督促改善

图5-11 慕澜人才管理审计流程

集团人力资源部将组织研发、生产供应和营销各系统联合拟定人才培养情况审计方案，在人才培养规划执行过程中，定期按照审计方案进行人才培养执行情况审计，各系统可依照审计的结果和建议进行改善，推动公司整体人才培养规划的执行和落实，为整体人才培养的效果提供进一步保障。通过流程梳理和职责角色分工明确，进一步为培养运作落地提供明确的机制保障。

◇ **人才管理"一纸禅"**

最后，还要站在慕澜员工的角度思考，提出更为简洁便于操作和理解的慕澜人才管理"一纸禅"。

作为慕澜要重点培养的各层级管理者，他们不仅是收获者，更是贡献者，所以，慕澜希望他们能够了解到自己在人才管理和人才培养中所应承担的重要责任，从自身做起，发挥自己的主观能动性，积极参与培养，发展自己（见图 5-12）。

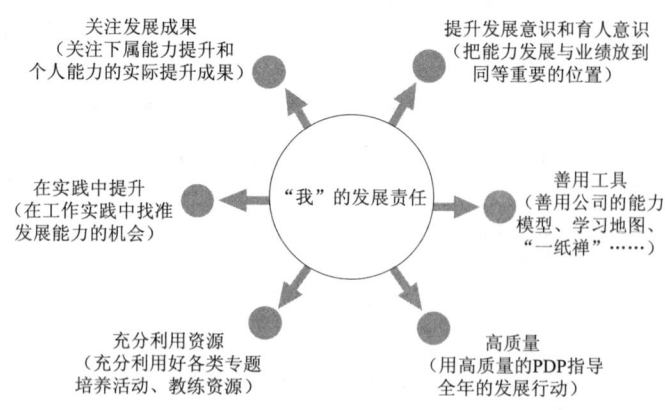

图 5-12　慕澜管理者培养发展——"我"的发展责任

从提升发展和育人意识、善用工具、把关 PDP 质量、充分利用培养发展资源、在实践中不断提升、关注发展成果六方面明确一线管理者在培养发展过程中自身的责任和需要关注的重点，更加便于人才培养工作的执行。

工具小博士 38：慕澜人才管理"一纸禅"

在一张纸上清晰明确地界定了在慕澜四层级管理人才培养发展过程中各环节执行的时间，参与的角色职责，关键成果产出与可参考的工具，一目了然地给了参与各层级管理人才培养发展的各个角色指明了方向和管理要求（见表 5-6）。

表 5-6 慕澜人才管理"一统禅"

流程	时间	各系统部门经理	各系统总监	集团高层	总部HR	子系统HR	主要参考工具及说明	关键成果
年度发展总结	每年11月	总结上年PDP,制订新一年PDP初稿	总结上年PDP,制订新一年PDP初稿	—	组织督促收集汇总公司年度总结	组织督促收集上报x系统年度总结	《学习地图》上年度PDP/PIP《个人发展指导手册》	上年度PDP总结 新一年PDP初稿
能力测试实施	每年11月	参与测评	参与测评	—	组织测评	协助组织测评	《x系统管理能力模型》为基础选择适合不同群体的测评工具	能力测评结果
年度绩效评估	每年12月	评估下级进行年度绩效评估	评估x系统部门经理年度绩效	评估x系统总监年度绩效	组织督促收集汇总	组织督促收集上报	绩效考核模板	年度绩效评估结果
x系统STR会议	次年1月	—	参与会议,确定x系统DDP	参与会议,审核x系统DDP	—	组织STR会议,协助制定x系统DDP	Skill Matrix和九宫格 CDP制订指引	x系统DDP(初稿)
公司STR会议	次年1月	—	—	参与会议,确定CDP,审核x系统DDP	参与会议,STR会议,协助CDP	—	Skill Matrix和九宫格 CDP制订指引	CDP x系统DDP修改意见

（续表）

流程	时间	各系统部门经理	各系统总监	集团高层	总部HR	子系统HR	主要参考工具及说明	关键成果
DDP修订	次年1月	—	—	—	协助确认×系统DDP	修改×系统DDP	×系统DDP修改意见	×系统DDP(终稿)
年度面谈及PDP修订	次年1月	与直接上级和下属面谈，修改PDP	与直接上级和下属面谈，修改自己PDP	—	组织督促收集汇总	组织督促收集上报	PDP模板	个人PDP（终稿）
培养执行	全年	主动参与培养计划	主动参与培养计划	推动培养执行	组织公司培养活动，推动个人PDP执行	组织×系统培养活动，推动个人PDP执行	《××年公司培养实施计划》《××年×系统培养实施计划》PDP	季度/年度培养执行报告
定期反馈/审计	半年度/年度	参与审计访谈	参与审计访谈	参与审计反馈	推动/审计培养计划执行	推动/审计培养计划执行	依据PIP模板依据人才培养审计机制	定期审计报告

本章总结

一、技能矩阵

技能矩阵是一个团队建设工具，目的在于弄清某个角色/小组为了达到团队要求的工作成果需要掌握的知识和技能。这种工具实际是用来优化团队组合，实现最优配置，明确团队人员培养的规划。

技能矩阵有四个方面的作用：通过技能矩阵可以明确各专业人才骨干队伍所必需的知识技能项目，从而确保业务的需求得到满足；通过技能矩阵可盘点专业骨干人才的实际技能水平与需求之间的差距；通过技能矩阵明确对专业骨干人才培训和发展的重点；通过技能矩阵帮助专业骨干人才明确个人技能提升的机会。

搭建技能矩阵主要有六步：

- 确定专业骨干人才队伍技能项目。

- 确定对专业骨干人才的需求。
- 确定目标技能水平。
- 评估个人技能水平。
- 确定专业骨干人才技能达标数量及实际技能水平。
- 计算技能达标状态。

注意：技能矩阵适合相对稳定的组织应用，例如制造业。因为制造系统技能要求比较稳定，且可预测性比较强。技能矩阵在一个组织里面推广模式应该是分阶段推广，先从固定的小组或者部门开始推广，然后到项目小组。技能矩阵的应用很广泛，必须先粗后细，然后逐步完善，动态调整。公司和部门层面需要有专人来跟踪这个体系，否则会流于形式。部门/团队负责人对技能矩阵结果负责。

二、长期激励

能力动力体系是保障企业发展、实现业绩目标的基础。激励的目标是充分发挥人员的主观能动性，为组织发展持续努力。

激励主要包括物质激励、精神激励和情感激励。

物质激励包括薪酬、福利、发展培训、继任者计划等。

区别于物质激励，精神激励更多从员工精神上予以激发，例如向员工授权，对他们的工作绩效的认可，提供学习和发展的机会，实行灵活多样的弹性工作时间制度以及制定适合每个人特点的职业生涯发展道路等。

情感激励包括归属感、团队氛围，对领导的认同、信任、建设性反馈，更多在于营造一种相互信任、相互关心、相互体谅、相互支持、互敬互爱、团结融洽的氛围。

完善长期激励机制是企业长期发展的必要机制保障，然而在实施长期激励计划前需要首先关注激励对象的核心诉求，以保证激励目的有效达成（见图5-13）。

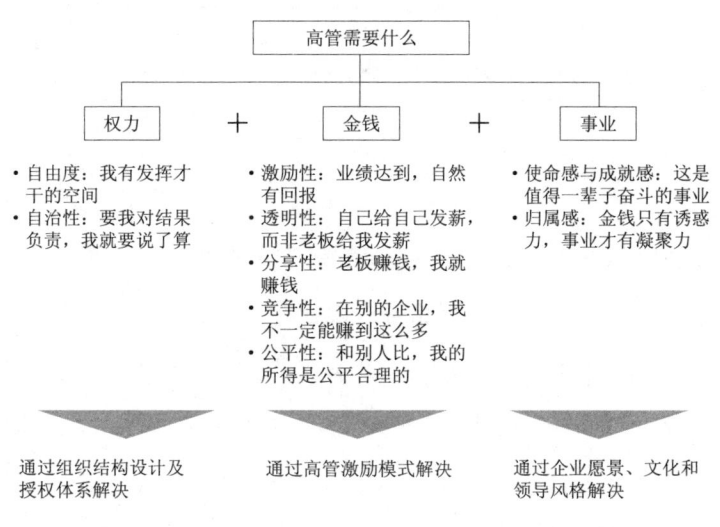

图 5-13　长期激励机制

长期激励区别于年度现金薪酬，强调长期性，一般主要会聚焦在核心高管，以达到绑定人员关注长期业绩结果。

在长期激励设计过程中一般有以下关键点（见图5-14）。

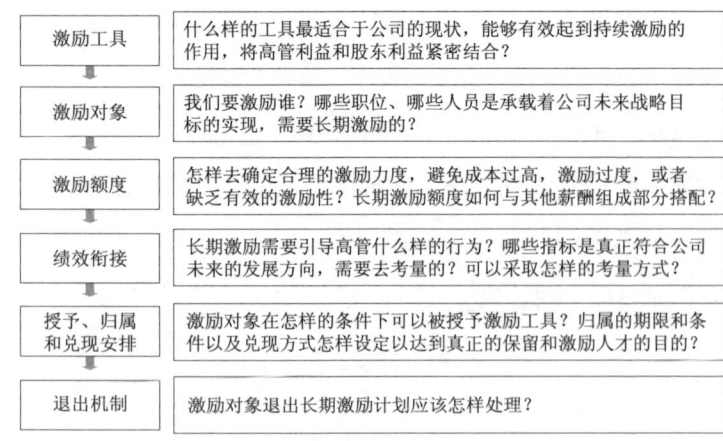

图 5-14 长期激励的关键点

三、人才梯队搭建及人才管理机制核心关注点

人才梯队建设是组织能力的核心供血机制，做好梯队培养，需要紧抓"知行合一"理念，确保培养效果，同时，需要匹配管理机制，确保能够落地；梯队建设，培养效果实现，需要重点关注。

小批量、多批次：以 Skill Blocks 为基础的砖块式培养，通过培养—实践—再培养—再实践的循环模式，及时培养，及时补足。

通用技能先培养，专业技能 JIT 培养：为了更加顺利让下一层级储备高潜适应新岗位，接替空缺开展工作，提升培养方面投入产出比，在人才梯队的培养过程中，每一层级的储备高潜优先培养通用技能，合格上岗后再进行专业技能培养的方式。

在做中学，知行合一：实践、辅导、培训按照 7 ∶ 2 ∶ 1 的比例进行培养活动的设计，以掌握知识技能为最终目的，确保能知行合一。

管理机制匹配，确保落地：从整体人才培养发展流程机制上设置，明确相关人员的流程、职责、角色和分工，积极纳入高层、HR、直线经理和个人，确保执行。

06 破局思维：
向人才供应链要绩效

第一节　内在修炼：从有到精

农历新年刚过，慕澜的员工们都陆陆续续地回到了公司，准备开始新一年的工作。但是上班已经两天了，人力资源总监的办公室却一直空着。

上午 10 点，生产供应链系统的王总来到崔世波办公室，想找他抽时间一起讨论近半年生产供应系统的员工离职问题，结果却被助理小珂告知：崔总正在休假，下周才会回来。没有提前打招呼习惯的王总只能白跑一趟。

"算了算了，等他回来我再找他吧。小珂，你帮我约个时间，下周一到周三上午我都有空儿，辛苦了！"

"好的，王总放心，等崔总回来，我再和他确认一下时间，然后给您发邀请，您记得查收邮件。"小珂边拿出便笺纸写下事项边跟王总说。

看着小珂记下来，贴在办公台边上，王总放心地走了。

原来崔世波把累积的年假与春节假期一起休了。在放假之前，他就已经做好了所有的工作安排，还明确了每项工作的跟进和负责人。所以，就算是他不在的这周里，每项工作也都在按部就班地开展着。

春节放假前，从刚到慕澜就开始各种忙活的崔世波连着工作好长时间了，连续一头栽在工作里，一直忙着救火、解困，构建完善各种机制，反复查找病因，开方治病。忙忙碌碌的，一转眼，快两年时间了……

好不容易，慕澜整体的工作走上正轨，按照他预先的规划，各项工作都在计划范围内稳步推进着。所以，稍微安下心的崔世波想好好休息一下，正月初十正好是玉梅的生日，年前女儿也从澳大利亚回来了。难得和家人待一起，崔世波想借着休假的机会，带着女儿和玉梅一起去三亚玩玩，顺便放松放松。

崔世波为一家人订了去三亚的机票，而且，他还给女儿和玉梅准备了惊喜——悄悄约了老景一家。老景是供应链管理培训界非常有名的讲师，是崔世波从高中起的好朋友、好搭档，两家关系非常好。老景知道崔世波的女儿馨馨回来，又赶上玉梅生日，他们两口子和女儿乐婷都很高兴。正好赶着孩子们都放假，老景很爽快地答应了崔世波的邀约，同时也答应对玉梅和馨馨保密，一起给她们个惊喜！

崔世波一家比老景一家先到一天。一大早，崔世波和玉梅就被女儿拉着，到天涯海角和槟榔谷玩了一通，一阵狂拍，晚上吃了海鲜大餐。一天下来，大家都累得够呛，晚上九点多，一回到酒店，玉梅和馨馨就匆匆洗漱先睡了。

看着熟睡的两人，崔世波关了灯，一个人朝着外边走去。

静悄悄的海边，崔世波一个人坐在沙滩上，任凭海风吹着，难得有机会来休息放松，但早已形成的习惯让崔世波自动地回顾、自省和总结。

为了帮助慕澜在"方向"明确的前提下，成功实现整个组织转型，支撑业务快速发展。崔世波不仅结合以往外企累积的管理经验和其他标杆企业做法带来的启示，提出了一系列人力资源变革实施规划，针对过程中出现的各种"危机"，从短期解困的角度出发予以解决，而且更重要的是，从系统思考的角度，从更加长远、持续发展的角度给出了从无到有，先打基础，再精细化的优化提升建议。

崔世波仔细想来，忙忙碌碌中，其实只是围绕最初自己设定的方向、能力和动力，从三个层面做了五件事而已。这几件事，本质上来说，都离不开自己以往接触的人员管理的核心四大模块——规划、盘点、培养和补给。简言之，其实核心就是两个工作——以内部/外部相结合的方式，对在企业发展过程中所需的各种人才进行补给。

在做这几件事的过程中，崔世波不仅将以往在外企获得的管理经验在民企进行运用，而且还在慕澜已有的管理基础上进行了一定的创新，总结这些经验，对于下一步开展和改善慕澜的人才供应及人才管理工作是非常有用的。

整体来说，崔世波是按照从无到有、从有到精的过程来进行慕澜整体的人力资源改革的。

第一层，从无到有，就是从盘点结果出发，通过搭建对业务发展贡献大的"软肋"部门团队，从外部引入高端人才，加强实力，然后在内部搭建人才梯队和职业发展管理机制，与薪酬链接，进一步增强能力和动力。

第二层，以第一层为基础，进一步精细化，建立全员的知识技能体系，与激励链接，并完善各种流程制度，明确责任和运作机制，推动整体人才管理变革落地，提升慕澜人力资源体系的系统性（见图6-1）。

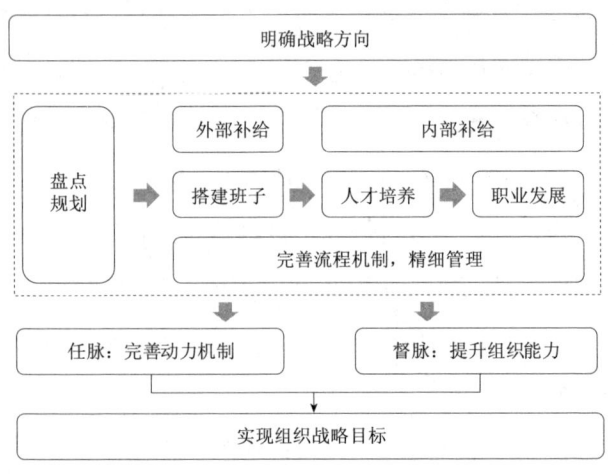

图6-1 崔世波入职以来的"动作路线图"及系统解决框架

◇ 第一层，从无到有，抓重点，组织能力是核心

1. 把握方向，搜集资料，盘点回顾，谋势规划。

初入慕澜,先是从方向、能力和动力三方面进行系统性诊断,了解组织现状,理清组织未来的战略发展方向,然后通过敬业度调研结果及人员现状盘点,从能力、动力两方面,重点识别有可能阻碍组织提升发展的短板。

盘点后发现,员工能力的提升是支持组织稳步快速发展的关键。在所有当前存在的问题和未来面临的挑战中,最先要解决的是对于未来几年慕澜发展影响重大的品牌、研发和海外发展的缺人问题。

2. 诊断之后,借助猎头,定向搜寻,助力软着陆,顺利搭班子。

立马着手解决,理清品牌、研发和海外业务发展所需的核心人才需求,借助猎头"上帝之手"进行高级人才引进,通过猎头服务供应商,再次明确了具体岗位和适合的标准,结合他们特有的人才地图,进行定向搜寻。在最终人选确定的过程中,提出自己独到的用人理念——我需要的不是完美的个人,而是最优的团队组合。

对于到岗后出现的各种空降"不适",效仿外企,制订百天计划,帮助像自己一样的空降高管迅速融入新组织。招兵买马,搭建各自的班子,开展和强化研发、品牌和海外的相关工作,为战略实施和业务发展提供强有力的核心领导及核心团队。

3. 明确路径,知行合一培养,长效体系,梯队培养。

针对区域销售经理单一岗位引发的培养思考,在当前人员能力不能满足的前提下,通过借助外脑,一次性系统规划了该岗位的成长路径，以学习地图为输入，设计了该岗位的整体培养规划，为整体该岗位未来的培养提供明确的方向和标准参考。

从长远考虑，明确了"君臣佐使"四个层级管理人才培养计划的框架，构建了基于未来战略要求，以组织能力和核心价值观为依托的整个管理人才梯队规划。

4. 关注职业发展，搭建通道、标准和机制，横纵结合，盘活人才。

为了更好地留住组织核心人才——研发人员，为研发系统搭建了横/纵向相结合的职位发展通道，提供了职能深度发展、职能广度发展、跨职能发展及中高层管理职能发展四种发展路径，为研发人员提供了更多的发展机会。

以岗位价值为基础重新设计薪资表，梳理 3D+E 任职资格标准，明确晋升发展的具体流程和制度，使得研发系统的横纵向职位发展通道能够真正运作起来。

为调动和盘活内部人才库提供依据，建立跨职能、跨事业单元的人才横向流动机制，较好地解决了生产供应链系统扩张建厂所需的人员问题。

从而，建立起横/纵向人才流动机制来促进公司内部人才的合理流动，盘活公司内部人才库（见图 6-2）。

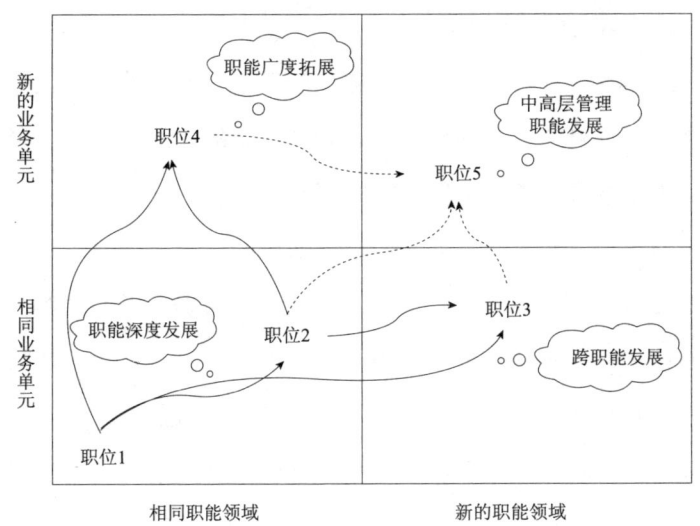

图 6-2 四种职业发展路径

◇ 第二层，从有到精，人才管理上阶梯

1. 建章建制，链接激励精细化。

按照最初规划，已经在内外部人才补给和人才培养方面打好一定基础的情况下，推行精细化和体系化，根据当前整体人才管理的完善情况，进行针对性地补足。

构建技能矩阵，优化配置团队组合，采用逐步开展方式，先在人力资源部试点，然后在其他部门推广。

在公司面临上市的时候，完善动力机制，引入长期激励，帮助慕澜进一步完善自己的公司治理。

构建了一系列清晰明确的制度、流程及经理人职责等，帮助人才培养实施落地执行。

这一套先打好基础、再精细化的思路得到了周董的认可和支持,而且目前,慕澜整体人才管理体系搭建的进程也按着自己心中预想的进度在按部就班地进行着。

两年来,在战略发展方向清晰明确的情况下,围绕组织能力提升与动力机制完善,采取了一系列的改善提升措施,到现在,实施成果已基本初见成效。为了未来形成更加系统和直观明确的人才管理体系,崔世波已经从目前做完的事情中,按照人才管理的常见模块(人才培养和补给),梳理出了一些很好的思想和理念。

2. 人才盘点。

运用技能矩阵系统地梳理出了各个岗位所需的专业知识、技能和能力要求。为整体的人才盘点、补给和培养打下基础;通过整体团队的组合最优理念,搭建真正符合战略业务实际需要的多技能、高绩效团队。

技能矩阵结果的应用:

与发展链接:可以制订整体团队或个人的发展计划,通过实施针对性培养,补足团队整体知识、技能或能力的缺失。

与晋升选拔链接:将它与发展晋升相关联,每个层级的发展、晋升都必须通过 Skill Matrix 里的 Blocks 认证,增加发展的主动性和激励,更好地留用人才,且更加有效地选聘人才。

与团队组合链接:盘点整体团队能力的时候,更加强调整体团队的搭配，那种"不需要完美的人，而需要相对完美的团队"的理念，为人才选拔和人才配置提供了新的视角。

3. 人才补给。

根据岗位特点和培养难易，选择适合的人才补给策略，通过内外部补给相结合的方式可以整合所有资源，寻找适合的人才，才能有效地补给和支持业务快速发展的需要。

外部招聘：更加适合对于培养周期较长、难度较大，组织需求紧迫度较高，而外部人才市场储备又相对较充足的岗位。

RPO 和猎头：针对高端岗位和中基层岗位进行区分，由外部供应商提供人才地图和定向搜索，减少了人力资源的人力、成本投入，同时，增加了人才与岗位的准确度和匹配性，整体提升人才获取的有效性。

外部人才库：充分利用应届生资源，将人才库建在学校，引入新动力，与梯队培养相结合，实现人才的补给。

内部培养：更加适合组织需求的紧迫度相对不高，内部培养的周期和难度都相对合理的岗位。

人才梯队：根据岗位特点，对四大核心的管理层级进行人才储备，以确保岗位出现空缺时，有合适的人进行快速补给。

横／纵向流动机制：盘活整个慕澜现有的内部人才库，加速了人才的内部流动，还能在一定程度上对冗余的人进行减少或消除；横纵结合的四种发展通道，在为员工提供了更多的发展可能的同时，对人员保留起到一定的促进作用。

……

崔世波正想着,刚觉得心里有点谱的时候,手机响了,有信息。打开一看,不出所料,果然是老景的短信:"我们已经到了,你在哪儿?出来喝个酒吧?我在我们酒店对面的清吧等你。"

崔世波快速回了一个"好"字后,合上手机,站起身,拍拍身上的沙子,朝着那个清吧走去……

第二节　整合:人才供应链框架显雏形

崔世波一进清吧,就看到在吧台边上坐着的老景,还是老样子。

"快坐,香兰和婷婷刚收拾完东西准备睡了,我们还没有告诉玉梅和馨馨我们会来,正打算明天中午一起吃饭,顺道给玉梅过生日,给她们母女俩一个惊喜!婷婷还准备了礼物给玉梅和馨馨。"老景先说了说两人"密谋"进展的情况。

崔世波点了点头,说道:"正好,玉梅和馨馨玩了一天,9点不到就睡了,明天中午我定了香格里拉酒店的位置和蛋糕,我们先到,你们晚点再出现,她们俩肯定很高兴。"

"说说这两年的情况吧,上次见你还是毕业二十年班级聚会的时候,好久没这么坐下来好好聊聊了。从 BJ 那样知名的外企跳槽到民企快两年了,应该也发现民企和外企很多的不一样了吧?"这十多年,老景也去过不少企业做培训,接触了不少不同类型的企业，看着这几年民营企业的快速发展，想和这个老朋友好好聊聊。

两个人聊着这段时间以来各自发展的情况，崔世波跟老景说到了民营企业与外企的差异。崔世波觉得，民营企业相比外企而言在以下几个方面都表现出比较明显的差异。

外资企业和民营企业的文化氛围是完全不一样的，相比之下，外资企业更加开放、平等，更加强调公司文化、企业文化，而以效益为中心的民企则往往以老板强势文化至上。

外资企业在中国更多的是设置分支，总部基本都不在中国，但是民企不一样，作为民营企业家，必须要考虑整体，必须要关注结果，以结果为导向。

外资企业盘子比较大，业务模式相对比较稳定，抗风险的能力也比较强，相比之下，民营企业所面临的环境是多变的，会受到很多不确定性因素的影响，民营企业必须要想办法，对产品、发展模式等进行不断的变革、尝试和创新，以增强自己抵御风险的能力，更好地应对各种不确定性和变化。

外资企业各项管理制度、流程和规范做得都比较好，权责划分比较清晰，也比较明确，民营企业发展比较快，变化也比较多，在规章制度和流程方面，与外企还有一定差距。

老景也非常认可这几点，他也发现，这些年在培训的过程中，这两类企业关注的内容是有些不同的，可能都和崔世波说的这几点有关。

接着，崔世波还说了这两年慕澜的变化。这两年，随着汉方中草药越来越受欢迎，慕澜快速发展，增长速度似乎远远超过了大家的预期。几年前，慕澜高层大胆决策，向研发发力，找准汉方中草药添加为特色，以其传统的优势营销和生产供应推动，整体组织发展越来越好。也正是基于这么好的发展态势，很多未来式的规划（比如产能扩大、要求建工厂、人才梯队构建等）都被提前。但是，这几个月他总结时，回过头来看，慕澜整体人员能力的成长速度还是相对滞后于它业务的发展速度和要求。最近一直在思考这个问题：如何能让慕澜人员能力的成长速度与它快速发展的业务相匹配，在业务发展需要的时候，能够快速提供适合的人。

这不光是作为慕澜集团 HRD 的崔世波需要考虑的，可能也是更多像慕澜一样快速发展型中国企业需要重点关注的。崔世波将刚刚在沙滩上整理的想法说给老景听，正好也听听他的主意。"这半年多，我也了解了不少中国企业的情况，大家都有一个同样苦恼的问题，就是人员能力的发展速度总也赶不上业务发展的速度，有时候反倒还会成为制约业务快速发展的一个重要阻碍。许多企业的 HRD 对这个问题都深有感触。"崔世波有点感慨地说。

老景想了一下，理了理思路说："是啊，做培训这么多年，我也接触了不少企业，这种业务问题的紧迫性与能力发展的相对滞后性之间的矛盾，是当前大多数中国企业所面临的主要矛盾。虽然,过去三十多年,中国经济持续高速增长,发展态势好像非常良好,但其实大多数企业所面临的问题和压力,也恰恰来自于持续的高速增长。未来,中国企业想要保持持续快速的发展,就必须要提前思考和关注怎样更加有效地制定战略方向和目标,提升人员的能力,尽量缩短业务发展速度与人员能力发展之间的不一致,推动战略执行,促进业务发展,真正能帮助企业实现最初的增长诉求。"

顺着老景的思路,崔世波也表达了自己的观点:"是啊,其实,这个矛盾解决的核心,本质上就是解决组织人才和组织能力建设的问题。而且,这种所谓的组织人才和组织能力的途径,有别于以往招聘、规划、培训等单个环节的人力资源管理模块获得,更多的需要通过一系列比较系统的建设才能获取。像现在的国内民营企业,面临着来自内外部这么多的不确定性和变化,它自身是否拥有能够应对和抵御这些变化和不确定性的组织人才和组织能力,直接影响到其自身的战略执行情况、业务发展速度和盈利水平。"

"别嫌我笨啊,这一系列完整系统的建设到底是说什么的?我倒是挺感兴趣的。"老景问道。

崔世波想了一下,说:"其实,说的就是换个角度,新的分类说明而已。它不再像以往我们人力资源所说的那种,单一从招聘、培训、绩效、薪酬等各自模块来实现对人员的管理,而是站在一个新的角度——把员工当作人才,从人才管理的角度来系统思考。它最大的特点在于整合前后端的各种资源，通过规划、盘点、培养等方式，辅以相应的管理机制等，确保培养出符合组织发展要求的合适的人，即所谓的 fit people。"

"这么看来，这种组织能力打造与组织战略相链接的模式应该是一种未来的大趋势了。怎么样，你们集团的老总应该还是挺 buy in 这种管理理念的吧？我觉得，从业务经营的角度出发进行牵引，又以业务战略目标的实现为终点进行人才管理，这种方向一致、目标明确的模式，应该才是企业想要的吧。而且，这两年，就连草根出身的企业家也意识到人才及人才所承载的核心能力对于组织发展的重要性了。"老景作为旁观者，提出了自己的认识和观点。

崔世波点了点头："嗯，我们公司的周董在这方面还是比较开放的，而且这几年，慕澜组织转型过程中，人才所起的作用大家有目共睹，很多成绩的取得都离不开人才，尤其是研发和品牌这两块的人才。所以，在我来的时候，周董对我的期望很高，就希望我通过这么多年的外企经验，能把整个慕澜的人才管理体系构建起来，提升慕澜整体的人才管理水平，建立规范的人才管理流程和制度。这近两年的时间里，我最有成就感，觉得解决得最有价值的问题就是慕澜核心人才供给问题。"

"怎么说？"老景听着有点疑惑，欲知详情。

崔世波详细说道："你想，对慕澜来说，什么最重要？肯定是研发和市场啊，这两方面之前慕澜都比较弱，我呢，之前在

BJ的时候就领略了好的外部人才供应商给人才引进带来的便利和成本节约，所以当时就整合了猎头和RPO等方面的资源，聘请了品牌、海外和研发总监。这一年多，他们工作非常出色，前端市场、品牌塑造都做得非常不错，研发总监也依靠自有的研发团队和外部引入等方式，形成了现有新产品线的研发团队，'木兰百草系列'你知道吗？这个系列的产品长期盘踞在市场销量的前几名。"

老景笑呵呵地说："还真是啊，之前你跟我说，他们自己找了那么久，内部外部都找了，都没有合适的人才，有时候外部引入人才，像猎头、RPO还真不失为是个好策略！资源啊，得学会利用资源才行。"

"不光这样，这种模式只能解决一小部分人才的供应问题，更多的其实还是要依靠内部人才培养来解决。但是培养说起来并不是件容易的事儿，需要先有人，需要有恰当的培养方式，需要整合各种资源，需要有激励方式相匹配等。这近两年的时间里，我从人才招聘、发展、补给和保留等方面都做了不少工作，我之前跟你说的那些措施，不仅增强了慕澜人才及组织能力，而且在培养上通力合作，使得三个系统部门之间的沟通与协同有明显促进。"

"那挺不错的，这半年多，我给很多企业做供应链管理培训，接触了不少培训客户，那些培训经理或者组织发展经理说得最多的就是在企业做人才培养是个吃力不讨好的事情。人力、物力、精力投入了那么多，最后还是没有什么效果。到底怎么才能做好人才培养，肯定不是单单请几个老师来讲讲课这么简单吧？他们对这个，其实都还是挺困惑的。"老景肯定着崔世波所取得的成绩，也说出了很多培训经理的困惑。

崔世波笑了笑，点了点头说："是啊，这也是现在很多企业需要面对的矛盾。刚才我们俩还说组织能力建设问题，更多的是需要通过内部培养来解决的。但是这里有几个问题，这是长期做培训的人没有意识到的，比如他们只是关注不停地培训、上课，但是否考虑过人员的合适与否，是否考虑过培养前人员的选拔问题；是否在不同人群身上选择了适当的培养方式，给培训对象提供练习和实践的机会，这些都很重要。他们其实只是过多地关注了培养课程的问题，忽略了前期选拔和长期的匹配性，在整体过程的把握上，还差了些考虑。"

老景听了之后，想了一下说："你的意思是他们只是关注了后期的'生产'过程，没有关注到前期的'原材料采购选拔'过程是吗？不管是人员的采购还是课程、供应商的采购。"可能是培训讲师做久了，老景又显现了一贯的幽默睿智风格。

"对，基本就是说这个意思，其实有时候就是源头没有控制好，才会使得就算是比较好的管理过程，后面还是会有问题。你还真是会形容，又形象，又直接。你还真是把你供应链的东西活学活用啊！"

老景听着有点起劲儿，接着不客气地说："那是，这么多年的培训师做下来，没这点能力怎么能行呢！其实你那么专业的东西，有时候我不一定能完全听明白，但是明白了，活学活用，快速转移可是我的专长。像你刚刚说的那些，就有点像我们供应链里面说的，你产出的是 fit people，我们产出的是合格的产品；你需要整合外部和内部各种资源，我们需要的是整合供应商、制造商、物流商、分销商和零售商这些一条链上的各种资源；还有，我们强调最快的速度、最低的成本完成合格产品的制造，你们都还没有提到！"

"你还别说，还真有点像。我之前从来没有想过这个和产品的生产供应之间产生什么交集。你这么一比较，反倒提醒了我。我在做的不就是人才的供应管理么！"崔世波有点惊喜、有点兴奋地说道。

老景接着说："是啊，我刚刚听你说，以人为产品，从原材料选拔开始，经过一系列的有效培养和提升，最终成为一个所谓的 fit people。这不就像是生产供应么！"

"你想过你做了这么多，实施了一系列的变革，最终的目标是什么吗？该不会也偷偷学我们生产供应链，是 JIT、零库存、高灵活、高效率吧？"老景继续开玩笑地说。

知识小分享：供应链管理目标及意义（见图6-3）

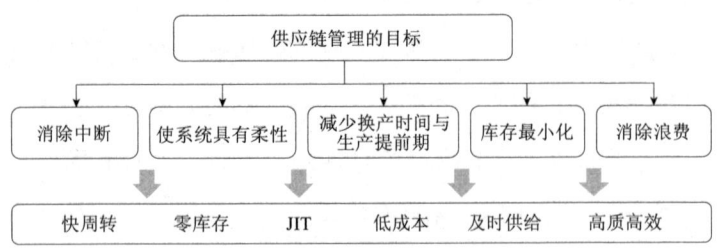

图6-3 供应链管理的主要目标

供应链管理就是指对整个供应链系统进行计划、协调、操作、控制和优化各种活动和过程。

供应链管理的目标是在满足客户需要的前提下，对整个供应链（从供货商、制造商、分销商到消费者）的各个环节进行综合管理，是能争取到消费者的整个供应链的货物流、信息流和资金流，把物流与库存成本降到最小。

核心是将顾客所需的正确的产品（Right Product）能够在正确的时间（Right Time），按照正确的数量（Right Quantity）、正确的质量（Right Quality）和正确的状态（Right Status）送到正确的地点（Right Place），并使总成本达到最佳化。

"这个我倒是还真没想太清楚，光是忙着应付一个又一个的突发事件和问题，都没来得及好好总结，一个个散点在脑子里，还没来得及好好整理。我现在规划的就只有个初步的框架，但我想这段时间静下来好好想想，怎么样能把外企的管理理念、工具和这两年的实践结合起来，为慕澜未来五年的人才管理及组织能力建设做一个系统完整的规划。你刚刚提到的供应链，倒是给了我点儿启发，人才管理未来的蓝图怎么就不能效仿生产供应链，打造一种人才供应链模式呢？你说是吧？"崔世波自己不那么确定，但也觉得这是个好想法。

老景看着老朋友，鼓励一下，肯定地说："是啊，这么听来，这词儿还挺新鲜的。而且，感觉应该是个比较大的蓝图。听起来还是挺有诱惑力的！说出来，你们老板肯定喜欢！"

崔世说道："这两年，做了这么多努力，其实都是围绕合格人才的供应展开的，不管是内部的培养还是外部的引进，虽然还没有像产品的供应链建设得那么完备完善，但本质上，其实就是在作供应链建设！只是，产品换成了人。"崔世波有点小激动，老景给他提供了非常不错的想法。

"我看行！但是有个问题是这个东西一定要有目标，到底是达到怎么样的状态。像生产供应链还会有零库存、JIT、高效率、高灵活性的目标。你也觉得它们两个有很多相似之处，如果你暂时还没什么思路，也可以再回去了解生产供应链，或许会有些启发。像我们供应链管理，就强调成本导向，效率意识，强调整合供应商等，实现物料资源的'零库存'。提倡按需生产，减少过程中的损耗，缩短周转周期，提升周转效率，降低成本之类的目标。"老景接着崔世波的话，提议索性也可以借鉴生产供应链管理的目标。

"嗯……我想想……"崔世波听了老景的话,若有所思地想着。

老景拿起酒杯,看到墙上的钟显示已经 10 点多了,酒吧里还有好多客人,在小声地聊着天。

"对,这点我觉得你说得挺对!其实,我之前的那些解决办法里面,从外部引入高端人才或者借助学校建外部人才库,都是为了解决人的能力在哪里、库存就建到哪儿的问题。我选择建在外部,其实就是在整合外部资源,以加快'库存'周转为导向了,这和零库存理念是相符的。进行人才培养,明确路径,提供学习地图,采用各种混合方式、知行合一理念进行培养,建立人才梯队,其实都是为了及时补给岗位空缺。仔细理一理,目标就已经出来了一些。你看,越想就越接近生产供应链,目标设置上虽然不能完全一样,但是至少高效率、高灵活性还是可以先效仿先实现的!"崔世波顿时有种豁然开朗的感觉。

"这我可还不好说,我也不是非常了解,不过我还有一点想说的是:未来如果想要使慕澜整个组织向着敏捷、灵活和协同转变,有足够的适合人才持续供应,提供组织能力支持,以推动实现像快速发展的话,还需要从人、技术和流程制度几个方面考虑,这也刚好都是生产供应链的核心。"老景认真地提醒。

崔世波边听边点了点头,说:"人和技术是核心,流程机制是保障。这个道理应该适用于大多数管理过程,对于我刚刚说的人的供应建设也一样。所有的工具、理念、方法代表的是技术，都是为了服务于'人'这个对象，而且最终也都是为了能及时供给需要的合适人才。"崔世波说完，对于未来要规划的人才供应模式框架，基本也清晰了。

未来，可以从内部培养和外部引入两种主要通道，搭建慕澜整体的人才供应模式。以盘点结果为输入，明确人才供应的主要策略，内部——通过晋升和培养实现；外部——通过RPO、猎头、自主社会招聘和校园招聘（自身建在外部的人才库）予以实现（见图6-4）。

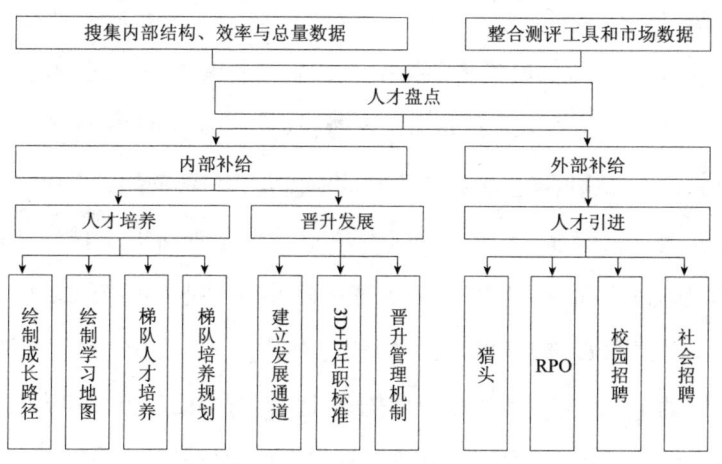

图6-4 慕澜人才供应链落地打造模式

所谓内部供应，重点是为了帮助慕澜更好地利用现在存量人才，通过灵活高效的人才盘点及时有效地发掘企业内部存量人才状况与人才需求之间的差异，并据此对现有人才能力状况与人才规划需求之间存在的差距提供针对性的人才培养和晋升发展来为慕澜提供业务所需人才。

所谓外部供应,重点是整合外部市场的供应商资源和自己所获取的外部人才资源,形成后备人才库,构建慕澜外部人才供应基础。

总之,在内外部两个链条的打造过程中,对缺失的组织能力进行及时补给,才是它真正的核心,努力打造内外结合的人才供给链条,以便于能及时供给合适的人员到岗,通过他们凝聚支持战略业务发展的组织核心能力,推动慕澜最终战略目标实现。

"其实,我们以往光是关注了培养,觉得培养能满足内部的能力供给,这个观念不对,这么看,内外部两条供应链是打不通的。连接这两条供应链最重要的应该是入口的问题,'原材料'的问题,招聘部门应该更加重要才是。但是现在很少有企业能意识到这个问题,光是培养,虽然人力物力投入了那么多,却一点效果都没有。如果想要打造人才供应链,慕澜应该加大对招聘的重视,加强对源头的控制,这样才能从开始就选择相对适合的原材料,才能进一步推动针对性培养的成效……"

崔世波心里正盘算从源头开始,加强招聘部门的整体素质,正开始准备想具体的计划,"叮铃铃"老景电话响起,是香兰叫他和崔世波早点回去休息了。

老景挂断电话,对崔世波说:"不早了,要不咱也回去休息吧。

如果有什么需要我帮忙的,咱回去沟通。好不容易抽出时间出来度假休息,工作的事儿就暂时先放一边,明天还要给玉梅过生日呢!"老景边说边起身,拍拍崔世波的胳膊,推着他往外走。

"那行吧,咱好好放松放松!走,回去早点睡吧……鉴于你给我提供的好想法,这酒,我就先请你喝了!"说完,和吧台里的服务员说"埋单"。

老景拗不过他,也爽快地说:"行行行,说不过你,明天我请你们一家吃饭,不要跟我客气哦!"说完,两人一起朝着入住的酒店走去。

第二天中午,先到酒店的崔世波一家正准备点菜的时候,老景一家突然出现,婷婷端着早就准备好的蛋糕进来,说:"阿姨生日快乐!"看着老景一家,玉梅和馨馨先是吃了一惊,然后就开心地笑了起来。玉梅还打趣地说道:"肯定是崔世波谋划的,只有他爱搞这种恶作剧。你说你都多大了,还弄惊喜这种东西!不过,还是谢谢你,好久没有见他们两口子了。"玉梅边数落崔世波边跟老景两口子说:"你们俩也真是的,提前一点风声儿都不走漏,刚看见你们的时候,真是吓了一跳!"老景一家三口相视而笑。

站在一边的崔世波说:"别光顾着开玩笑了,先坐下准备吃饭吧!"

两家人开开心心地吃了饭,还聊着他们彼此从认识到现在的各种有趣的事情,两个孩子听得饶有兴趣,几个大人讲得也颇为开心。

之后的三天时间里,两家人几乎逛遍了三亚的各个景点,留下了很多珍贵的照片。周六的时候,两家人告别之后,分别乘飞机飞往广州和长沙。

第三节 实践:人才供应链管理出成效

为了更好地帮助人力资源部门完成角色转变,更好地支持公司战略业务发展需要,必须进一步明确改善提升的方向和策略。这次度假,崔世波有了不少好思路,收获颇丰,对于人力资源部门未来的角色有了更加清晰明确的定位。

清晰定位:关注员工

对于像慕澜这样快速发展型的民营企业,人力资源和人才管理的定位究竟在哪儿?未来资源的发展方向和作用是什么?这是从进入慕澜开始,崔世波就一直在思考的问题。

为了应对充满不确定性和变数的经济环境,为了给慕澜持续提供企业战略业务发展所需的人才与能力,慕澜人力资源从两年前开始进行转型。这两年,随着慕澜人力资源管理体系逐步完善,已经开始向人才管理体系转变。当前,崔世波认为,基于面向未来的需要,未来几年内,人力资源部门必须要从人力资源管理内容上进行本质改变,从以前的行政专家角色向策略伙伴、变革促进者和员工关怀者转变，必须要朝着未来进发，更加关注员工、更加强调业务及过程导向（见图6-5）。

图6-5 未来人力资源工作内容转型方向

崔世波提出，未来几年内，人力资源管理部门想要成功转型，必须扎实有效地落实几个理念：第一，真正起到业务伙伴作用，推动业务成长，提升公司的社会价值；第二，成人达己，帮助员工个体价值成长；第三，促进在公司内部各系统之间形成有效协同和共赢。

人才供应模式

在上班的前两天，崔世波通过老景搜集了不少供应链管理的相关资料，自己也找了不少国内的有关人才供应模式的研究，系统地分析了生产供应模式，借鉴生产供应链的相关特点和模式，然后结合初步梳理的人才供应链框架，拟定出未来理想的慕澜人才管理理想蓝图（见表6-1）。

表6-1 JIT生产供应模式分析

项目内容	JIT的生产供应链
对象	产品（含供应商、制造商、分销商等）
流程模块	计划、管理、反馈、改善
核心特点	高灵活、高效率、零库存
监控体系	库存周转率、产品缺陷率等

第一，系统分析JIT的生产供应链，借鉴其特点，形成JIT人才供应链的核心特点。

崔世波认为，人才供应链在很多方面都和生产供应链有着相似性，所以，想要理清人才供应链究竟有什么特点，怎么实现，怎么监控和管理全过程这几个问题，必须要系统地研究生产供应链。

基于大量的文献研究，崔世波分析了这种生产供应管理模式的主要特点和关键做法：

提升客户满意度：通过提高交货的可靠性和灵活性。

提升流动率，降低成本：通过降低库存，减少生产及分销的费用来降低公司的成本。

提升品质：通过减少和去除错误，消除中断等，实现整体"流程"最优化。

强化监控：通过看板和一系列监督指标体系，及时监控生产供应情况,以便动态调整。

仔细分析之后,就会发现,这些做法的最终目标其实都是为了实现零库存、快速响应和高效率的JIT生产供应链服务的,这是动态管理、快速响应外部不确定性、提升管理效益和效能、强化结果导向等核心理念融入后形成的JIT管理模式。而这些,人才供应链也可以借鉴效仿。

将这几个特点融入人才供应链的核心内容里,就形成了人才供应链的核心特点。

需要更加灵活动态的对内外部不确定性因素做出快速反应。倡导的是有灵活性的、能够快速反应和动态匹配外部不确定因素的管理方式。

需要及时监控,注重人才管理全过程投入产出比的最大化。任何人才管理实践和操作都以推动企业业绩提升的结果为导向,通过对人才供应链效率和效益的跟踪、监控和优化,不断实现供应链的修正和调整,实现投入产出比(ROI,Return On Investment)的最大化。

需要最终实现JIT的人才配置。追求在业务产生人才需求时,能够即刻提供符合数量和质量要求的人员来满足,帮助组织赢得竞争。

第二,将JIT人才供应链"精髓"分解,明确人才供应链组成各模块的核心特点。

看完了所有的文献资料,对于其中部分学者提出的"人才供应模式"这一概念——从人才需求到人才结构设计到人才培养计划实施使人才达到供需平衡的整体的功能网链结构,崔世波非常认同,这也与他心目中的人才盘点、规划、培养和补给想法一致。

崔世波认为,长期的、有计划按节奏的静态人才管理模式已经无法跟上经济环境瞬息万变的发展要求,为了更好地应对外部商业环境日益增加的不确定性,人才管理必须要向动态转变。在这种动态管理模式下,JIT的人才供应模式才应该是慕澜所要持续打造的。

这种人才供应模式融入了供应链管理的精髓,按照企业真正实施人才管理的核心流程梳理,进一步明确了人才供应链各模块的主要特点,即动态短期的人才规划、灵活标准的人才盘点、无时差的人才补给和投入产出比最大化的人才培养。

动态短期的人才规划,也是实现JIT供给的前提,能够帮助实现人才管理机制和战略发展要求的完美链接。

"动态"强调的是:要紧密链接企业的业务战略要求,同时,必须能动态地反映到人才供给和管理之中。

"短期"关注的是:应对外部商业环境的瞬息万变,必须要抛弃掉过往长期、失效的预测,转而去追求更加灵活和更具柔性的人才规划模式。

灵活标准的人才盘点,帮助企业动态掌握存量人才的状况,以更好地进行配置。

灵活标准强调的是：利用灵活标准化的工具使人才盘点成为日常管理的手段，能基于盘点结果来进行相应人才的配置管理，过程中运用E化测评平台帮助提升整体盘点的效率。

ROI最大化的人才培养，帮助企业快速孵化未来所需要的能力。

ROI最大化强调的是：必须要关注投入产出，必须要关注投入回报率。在组织内部建立快速孵化能力的人才培养机制，强调结果导向，与战略业务相关开展培养活动，快速有效获取组织所需的能力，以支撑战略目标的达成。

无时差的人才补给，需要整合企业内外部资源，实现链接业务发展要求的人才及能力的及时供给。

无时差关注的是：一旦业务产生人才的空缺需求，就能通过内外部相结合的方式，在最短的时间内提供"合适数量、合适技能"的人员予以补充。

第三，融合人才供应链理念，明确未来慕澜打造人才供应链的理想愿景。

结合慕澜实际，在现有人才盘点和补给"基础建设"前提下，崔世波更加具体清晰地提出了具有慕澜特色的JIT人才供应模式——以慕澜对人才的需求为中心，通过设计规划慕澜的人才结构体系，运用技能矩阵盘点现有人员素质，明确人才补给提升的重点与方向，借助外部人才库完成人才引进或通过知行合一理念对"君臣佐使"四层级储备人才进行混合式培养，搭建横/纵向人才流动机制，完成内部补给，使得慕澜对人才的供给与需求达到整体的平衡状态，以支撑慕澜业务的快速发展，展现出较高的组织效能。在整个过程中，一定要强调充分发挥人才的作用，通过人才来实现整体组织能力的提升，使人才真正得以发展，真正为企业的发展服务。

从这里起步，还必须链接慕澜的人才战略，通过及时提供全方位适合的人才供给，有效提供组织的能力，支撑战略目标的实现。只有这种从业务出发，以战略为目标，动态调整、应对变化的人才管理模式才是慕澜当前和未来所需要的。

崔世波系统思考后，画出了下图，用来阐释说明自己对于未来慕澜人才供应的理想模式（见图6-6）。

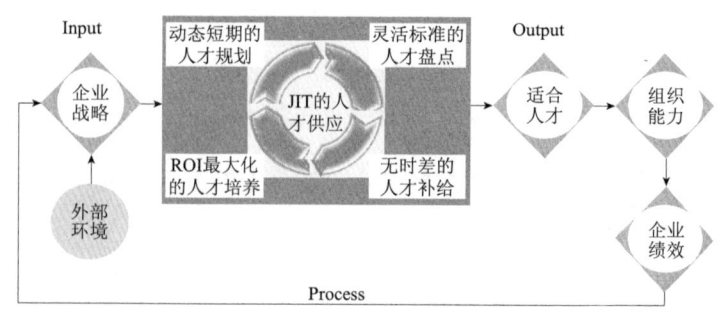

图6-6 JIT人才供应链

未来，慕澜想要实现的理想人才管理模式，将会是JIT的人才供应模式，它是一个以企业战略为输入，经过一系列"加工打磨"（JIT的人才供应模式）过程，以企业与岗位相匹配的合适人才（fit people）及时到岗为最终产出的一个简单链条。与企业战略、绩效直接关联，通过组织能力的提升和补给，支持企业快速发展。

寻找"四大支点"，定位改善方向

理论源自实践，又反作用于实践，崔世波从文献材料中进一步清晰了人才供应链的核心组成和特点，明确了方向，然后通过总结出的理论再来指导实践，制定策略，进行改善。崔世波根据慕澜已经实施完成的人力资源变革进程，结合动态、高效的人才供应模式，明确了未来两年人力资源管理的具体改善策略。

◇ 动态短期的人才规划

规划是对一段时间后的人才的假定，应该是基于未来。所以战略性人才规划必须要建立起一种动态的人才供应和管理机制，以满足企业不同阶段对人才的需求。

而这恰恰是目前慕澜相对薄弱的一块。未来，要持续强调，把人力资源部门提高到一个比较高的位置。未来需要在人才规划的三个方面进行改善。

战略目标牵引人才需求。进行人才规划时，需要了解和确认未来三到五年企业经营战略与目标，确定未来提高企业竞争力所需人员数量及人员队伍结构的规划。

总量/效益盘点。包括从数量和结构上评估现有人员总量，从效率与业绩方面评估现有人员利用率，从而确定关键岗位供给预测及实际人员利用率与预期的差距分析；加强未来人员效率的盘点，为人才规划提供更加充分的输入。

制订缩短差距行动计划，建立动态人才管理机制。包括建立传统的动态人才管理体系，规划人才招募计划，规划人才培养和留用计划等。

◇ 灵活标准的人员盘点

通过灵活标准的人才盘点，不仅可以全面系统把握当前和未来战略发展中各领域核心人才的现状、后备队伍及需求，有助于人才规划、储备和培养发展的策略制定，还可以对提升整体人才管理效率有促进作用。这就像供应链管理的库存盘点，通过现状盘点，及时掌握现状和需求之间的匹配程度，来帮助做出相应的决策和调整。

当前，慕澜已经借助技能矩阵明确了知识、技能和能力，未来提升效率、增加盘点灵活性和标准化的关键就在于是否引入标准E化的评价中心以及运用矩阵为人才补给策略的制订提供参考和依据。

充分运用矩阵的盘点结果，打通人才盘点与人才补给之间的链条，通过内外部相结合的方式，满足组织对人才及能力的供需平衡。

同时，构建慕澜内部测评中心的机制和平台，可以在此基础上使用标准化的盘点工具和市场数据来实现盘点的便捷性，帮助研发、生产供应、营销负责人和人力资源部门花费最小的投入来及时、准确掌握现有人员的能力分布和匹配状况，帮助对人员配置和队伍结构进行高效率的调整（见图6-7）。

项目大类	能力项目	基本要求	需求	团队成员					状态	技能项的重要性	组织内部能力	外部市场能力	人才供给方式	
				余小君	王帅	曹微	彭乐	董心					内部获取	外部获取
组织核心能力	品牌策划	4	5	5	5	5	5	5	100%	●	◐	●		√
	人际营销	4	4	2	3	4	5	4	75%	◕	◐	◐	√	
	统筹规划	5	2	4	5	3	5	4	50%	●	◐	◐	√	√
	成本意识	5	3	2	3	4	5	5	66.7%	◐	◐	○	√	

●　　◕　　◐　　◔　　○
强　　　　　　　　　　弱

图6-7　技能矩阵结果应用——打通人才盘点与人才补给之间的链条

◇ 无时差的人才补给

通常，企业中的人才供给是通过两种方式：外部获取和内部培养。外部获取的关键策略是建在外部的人才库，如与专业猎头公司建立良好合作关系，依据自身的用人标准创造性评估候选人的经验，建立网络招聘渠道与技术等。

由于之前在外企累积的经验、人才管理前沿基础以及自有的人脉资源，在进入慕澜的两年的时间里，崔世波通过整合外部猎头、RPO供应商以及外部学校的强大人才库进行外部人才引进，同时在内部还建立了跨业务单元的横向流动机制，帮助盘活企业现有的存量人才，为慕澜的人才补给和组织能力提升，提供了不少好的思路。

但是崔世波认为，如果从更加动态的角度出发，想要使人才补给更加及时，还有其他的方法可以借鉴，比如越来越多本土企业已经在尝试的合同工、临时工以及实习生等更加灵活的用工方式。

以合同工、临时工的方式，能够相对经济的形式形成一定的储备人才库，确保能够及时地补给人才，像微软、惠普等公司就是采用了这种方式。

以实习生的方式，通过在实践中的考查，来确保人才供给的质量，加快新的人才进入企业后的适应，迅速开展工作，快速匹配。因此，实习生计划被认为是企业面对人才需求变化的有效应对手段，联想、宝洁每年会从优秀高校中吸纳很大一部分在校学生来企业实习，一方面实际考查了毕业生的基本素质，另一方面也保证了人才的及时的供给。

这些大型企业的灵活补给方式给了崔世波很多思考，未来在整体人才补给规划时，可以在现有内外结合的方式基础上，更多地采用合同工或者实习生的方式。

◇ ROI 最大化的人才培养

另外一个重要的人才补给来源是内部培养，想要实现提倡结果导向、强调投入产出的 JIT 人才供应模式，必须要关注并且持续提升人才培养的有效性。

内部培养的关键策略有：建立关键内部人才选拔体系，开展公司内人才流动优化配置，优先发展支撑战略人才等。在培养策略及培养方式的选择上，要从"适用、效用和应用"的"三用"原则出发，考虑成本效益。根据企业实际的发展周期、人员数量、资源松紧情况，遵循"效率+适用"原则进行选择，搭配学习内容与学习形式，强调做中学。

> **知识小分享：人才培养的"三用"原则**
>
> "适用"是将对人才的要求与公司战略相结合。
>
> "会用"是实现由"知识"向"技能"的转变，企业目前的考核机制都与会用有关。
>
> "应用"是从学习到绩效，与应用效果挂钩，产生效益。

慕澜当前形成了"君臣佐使"四个层级的人才梯队规划，且已经开始初步实施，未来的改善重点将落在人才培养与激励、职业发展等的链接上，增强各层级高潜储备人员参与发展的主动性，创造发展的动力圈，充分激发发展动机；同时，结合逐步完善的人才管理机制，通过精细分工，职责明确的运作和管理机制，完善整个人才培养过程，为整体人才梯队培养规划的逐步实现提供充分的机制保障和动力保障。

慕澜人才管理体系蓝图——JIT人才供应链体系形成

崔世波在系统借鉴和比对生产供应链管理核心理论的基础上，在笔记本上画下了未来三年慕澜的人才管理改革——人才供应链打造蓝图（见图6-8），还在旁边批注了"看板+动态+系统平台"。崔世波认为，这三样将是未来慕澜能否形成高效率、动态人才管理模式的关键。

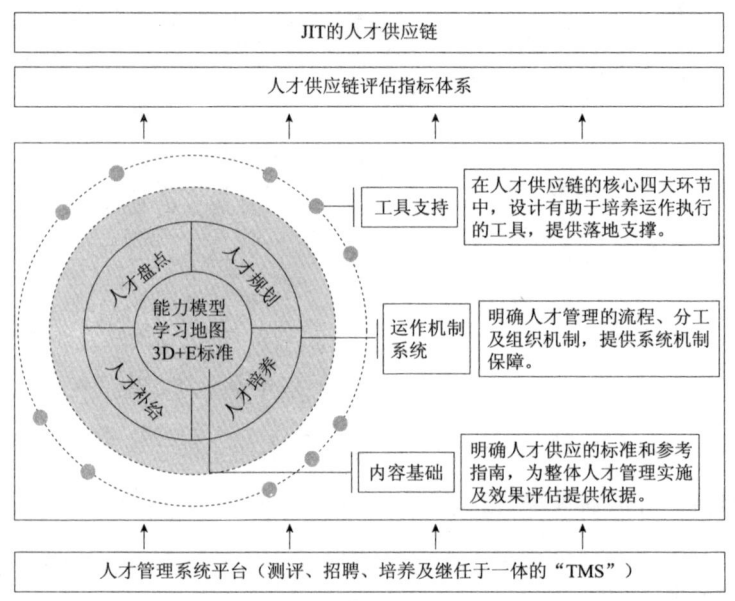

图6-8 慕澜人才管理改革——人才供应链体系全景图

◇ **看板**

借鉴生产供应链系统，通过建立人才盘点、人才规划、人才培养和人才补给四个环节各自的核心监控评估指标看板和以"易犯错误窗口"（将以往犯过错的模块、方式以及 HR 凭借经验总结出的人才管理常犯错误）为主要内容的慕澜人才管理看板，来对整体人才管理的情况进行及时全面了解，借鉴经验，减少再犯错误的机会，提升整体人才管理的质量。

◇ **动态更新**

为了能更好地应对外部变化，增强抵御外部风险的能力，人才供应链的四大模块都应针对各自的内容形成动态更新的机制（以季度或半年度为周期），将传统静态的人才管理进行充分的调动，使其尽快向动态管理模式转变，从而加快对外部经济环境和内部战略业务发展变化的响应速度，提升人才供应链的效率。

◇ **系统平台**

在各项制度流程、工具、标准都齐备的前提下，通过借助"规划、测评、招聘、培养与继任于一体的"人才管理平台，有效地减少人力时间成本的投入，提升整体人才供应链的管理效率。

◇ **评估指标**

能否合理的设置相应评估指标对跟踪人才供应链是否能有

效运作具有重要的作用。设定一系列评估指标来对人才供应链的建设情况进行跟踪，提高人才管理的质量和效率，建立与战略业务目标的循环。根据自己对整体人才供应蓝图的理解和思考，在整个人才供应链系统总图旁边，崔世波边想边写下了几个衡量人才供应链健康度的关键指标。

工具小博士39：人才供应链健康度关键指标

人才供应链的运转健康程度需要通过形成及时的看板，来综合统计和显示。其中，必须要重点关注的几个指标有：

技能矩阵的达标率；

关键人才和关键岗位的缺失率；

空缺岗位人才平均到岗时间；

关键人才的流失率；

全公司的人均利润率/效率。

等写完这些内容时，崔世波发现，其实这个慕澜JIT人才供应模式的提出，不仅帮助他明确了下个年度的人力资源提升重点，而且针对每个部分的明确规划，也让崔世波心里有了数。写完之后，崔世波活动了下脖子，这两天的疲乏一下子好像都涌了上来。看着电脑屏幕上的"2013—2015年慕澜人力资源转型规划方案——慕澜JIT人才供应蓝图"，他心里暗自高兴，还有点儿按捺不住的兴奋。

崔世波认为这个方案对于未来慕澜的业务发展将起着重要作用，这是两年来自己作为 HRD 最有成就感的一个成果，虽然过程比较辛苦，但一想到这个成果的价值，他觉得这些很值得！

崔世波将写好的方案，通过邮件发给周董，想下周先和他沟通一下，然后在月底的季度总结大会上和各系统分管 VP 沟通。

邮件发出后，太阳已经快落山了。崔世波合上电脑，喊着在厨房一直忙活收拾的玉梅："出去走走吧，难得这么好的天气！"……

尾声

下一个跃迁之路

又是一年盘点时。

集团上下，各系统的总监、经理、主管都在忙着上系统填写技能矩阵，评估着现有人员的知识、技能和能力状况，很是热闹。

两年前，崔世波提出的慕澜 JIT 人才供应模式得到了各大系统分管副总裁的认可和支持，并派专人与人力资源部门相应模块对接，帮助整个人才供应链各模块在各大系统落地。

两年来，慕澜业务发展红红火火，持续稳定快速发展。

慕澜汉方中草药研究院队伍不断扩充，整体队伍扩充至 200 人，高精尖人才的比例相对增加，研发实力越发增强。两年来，陆续推出了"汐兰"百草精华液、"樱兰"水润爽肤水等产品，热销海外。成功打入美国、法国和德国等欧美国家，通过渠道支持和汉方中草药理念相结合，匹配独具"中国中草药"特色的整体产品视觉设计，海外销量持续上涨。

东北工厂的投产，进一步增大了慕澜总体产能，在一定程度上缓解了生产供应的压力，而且为了支持日益增长的产品出口，年初，公司又对工厂进行了扩建，增加了六条产品生产线配置。

去年年底，"木兰"系列产品获得"特别汉方贡献"大奖，品牌名列国内护肤品行业第一名。

……

对于这些成绩，周董非常满意。在年度战略经营会议上，公司需要明确未来五年的发展方向。会前，在"汀兰"会议室，崔世波和研发、生产供应及营销系统副总裁一起，畅聊着各自的困惑、问题和最近取得的成绩。

周董满面春风地走进来，边走边说："刚接受采访，时间迟了点，都准备好了吗？咱们开始吧！"

崔世波示意总裁助理小李打开PPT，会议正式开始。

研发、生产供应和营销系统各自对上一年度的业务情况进行了总结。

轮到崔世波汇报慕澜整体的人才情况。由于之前他与王婧、姚兵、周玲一起精心准备了总结汇报材料，所以他心里非常有底。

他走上前，拿起话筒，按照PPT顺序开始汇报。

去年一年，整体人才供应供给满意度为82%，相对及时有效地支撑了研发、生产供应和营销系统的人才需求，整体供需基本平衡。

整体人才供应链健康指数（Talent Supply Chain Inventory，TSCI）为0.64，相比上一年度增长0.4，人才供应链建设情况良好，各指标正常：

技能矩阵核心能力达标率平均77.6%，高于目标7.6%；关键岗位的缺失率平均6%，低于目标1%；空缺岗位平均到岗时间62天，高于目标7天；关键人才的流失率8.54%，低于目标1.46%；全公司的人均利润120680.95元，高于目标2.47%。

……

各系统分管VP和部门总监认真地看着大屏幕，仔细听着崔世波的汇报，记下了与自己系统相关的内容信息，周董坐在最前面，不住地点头。看着大家的反应，站在台上汇报的崔世波心潮澎湃。初入民企的这四年多时间，自己的各种辛苦付出，频频闪现，看着今天慕澜的发展和成绩，崔世波激动不已。

最后，崔世波故意提高声调说："持续、健康、及时、高效的人才供应，为慕澜的快速发展注入了持续活力，随着它的稳步推进和建成，相信未来，我们将会看到它更大的作用和成果。让我们一起期待越来越成熟的慕澜人才供应模式，也更期待慕澜的下一个五年，下一个发展的'春天'吧！"

尾声　下一个跃迁之路

　　崔世波汇报结束,会议室内响起了掌声,面对这个刚来四年多的HRD,他的上级和同事们给予了他最真诚的鼓励!

(未完待续……)

参考文献

[1] Peter Cappelli. Talent On Demand：Managing Talent in an age of Uncertainty [M].Harvard Business Press，2008.

[2] Barney G. Strauss Anselm Glaser. The Discovery of Grounded Theory [M]. New York: Aldine de Gruyter，1967.

[3]黎永前,姜万生,朱名铨.供应链管理中工程数据库集成技术[J].机械科学与技术，2000：153-154.

[4]周勇士.供应链知识共享研究.博士论文[D].武汉大学.2005.

[5]马士华，林勇，陈志祥.供应链管理[M].北京：机械工业出版社.2000.

[6] Ravi Kalakota & Paul Kurchina. Mobilizing SAP: Business Processes, ROI andBest Practices [M]. Mivar Press, Inc. 2004.

[7] Marshall L. Fisher. What Is the Right Supply Chain for Your Product? [J]. Harvard Business Review. 1997, March-April:1-12.

[8] Marshall Fisher&Ananth Raman. The New Science of Retailing: How Analytics Are Transforming the Supply Chain and Improving Performance [M]. 1997.

[9] 马思聪. 供应链管理的特征及发展意义[J]. 企业与经济管理, 2007(16):396-397.

[10] Donlon, J.P. (1996). Maximizing value in the supply chain [J]. Chief Executive, 117, 54-63.

[11] Hendricks K. B., Singhal V. R. The effects of supply chain glitches on shareholder wealth [J]. Journal of Operations Management, 2003, 21(12):501-522.

[12] Peter Cappelli. A Supply Chain Approach to Workforce Planning [J].Organizational Dynamics, 2008, 38(1):8-15.

[13] Monika Hamori Peter Cappelli. Talent on Demand – Managing Talent in an Age of Uncertainty [J]. Harvard Business Review, 2008, 83(1): 25-32.

[14] Fali Huang, Peter Cappelli. EconPapers: Employee Screening: Theory and Evidence [C], 2010.

[15] Cappelli Peter. what's old is new again: managerial "talent" in an historical context [J]. Research in Personnel and Human Resources Management, 2009, 28: 179-218.

[16] Peter Cappelli. The Performance Effects of IT-Enabled Knowledge Management Practices [M], 2010.

[17] Cappelli Peter. The Future of the U.S. Business Model and the Rise of Competitors [C]. The Academy of Management Perspectives (formerly The Academy of Management Executive)(AMP), 2009, 23(2):5-10.

[18] Cappelli Peter. Managing without commitment [J]. Organizational Dynamics, 2000, 28(4):11-24.

[19] Cappelli Peter. Why is it so hard to find information technology workers? [J] Organizational Dynamics, 2001, 30(2):87-99.

[20] Elizabeth Craig And David Jeanne G. Harris [J]. The New Generation of Human Capital Analytics, 2010.

[21] 林勋亮. 基于联合库存管理思想的人才储备与人才共享平台 [J]. 现代管理科学, 2007(6): 81-83.

[22] 蔡雅萍. 基于供应链信息共享的人才培养模式探讨——以人力资源管理专业为例 [J]. 现代商贸工业, 2010(22).

[23] 吴会江. 高校的人才供应链管理 [J]. 沈阳工程学院学报: 社会科学版, 2007(3).

[24] 苏丹. 企业人力资源供应链模型构建 [J]. 商业时代, 2007(35): 52-53.

[25] 管廷莲. 科学人才观的理论建树及其战略实施 [J]. 求索, 2010(10): 26.

[26] 吴圣皓. 经济动荡时期锻造劳动力大军的十大建议 [J]. 第一财经日报, 2009.

[27] 潘永泉. 人才规划动态系统的最优跟踪控制, 中国控制与决策学术年会论文集 [C]; 1995.

[28] 荆海英, 杨兆宇. 人力资源规划的动态预测方案 [J]. 预测, 2001, 20 (2): 23-25.

[29] 贾东风, 马玉杰. 基于 Web 的人力资源动态预测系统的设计 [J]. 控制工程, 2005 (5): 23.

[30] Schuler Jackson. Framework for global talent management: HR actions for dealing with global talent challenges [C]. Global Talent Management (Routledge: London, 2010), 2009.

[31] Lawler, EE., &Mohrman, S.A.Hr as a Strategic Partner: What Does It Take to Make It Happen? [J]. Human Resource Planning, 2003, 26 (3) 15-29.

[32] 朱红玲. 浅谈企业的人力资源管理 [J]. 学理论, 2009 (30): 58.

[33] 郭激雷. "岗位轮换"与"人才盘点"[J]. 金融博览, 2006 (8): 49.

[34] 刘利华. 杨波. 完善内部流动机制提高人才使用效率 [J]. 经济工作导刊, 2003, 22:37-38.

[35] Ulrich, D., W.Brockbank&A.Yeung, (1989).Beyond belief: A benchmark for human resource [J]. Human

Resource Management, 28 (3) :311-335.

[36] 俞瑗. 人才库管理 [J]. 企业管理.2008, 11:80-82.

[37] McClelland D. C, Boyatzis R. E. Leadership motive pattern and long-term success management [J]. Journal of Applied Psychology, 1967 (67) : 737-743.

[38] 段维龙. 企业技能型人才资源培育开发存在的问题与对策研究——搭建"政府统筹、校企合作"的开发平台 [J]. 廊坊师范学院学报（社会科学版), 2008 (5) : 109-111.

[39] 徐淑英, 刘忠明. 中国企业管理的前沿研究 [M]. 北京: 北京大学出版社, 2004.

[40] 许锋. 人才供应链管理模式 [J]. 华东经济管理.2011 (10) : 109-114.

[41] 陈志强.TCL: 鹰的重生 [M]. 深圳: 海天出版社.2008.